移动互联技术在教学中的应用

李凤来 鲁士发 编著

南开大学出版社

天 津

图书在版编目(CIP)数据

移动互联技术在教学中的应用 / 李凤来，鲁士发编著. —天津：南开大学出版社，2017.7
ISBN 978-7-310-05389-6

Ⅰ.①移… Ⅱ.①李… ②鲁… Ⅲ.①移动通信－互联技术－应用－高等学校－教学研究 Ⅳ.①TN929.5 ②G642.0

中国版本图书馆 CIP 数据核字(2017)第 132247 号

版权所有　侵权必究

南开大学出版社出版发行
出版人：刘立松

地址：天津市南开区卫津路 94 号　　邮政编码：300071
营销部电话：(022)23508339　23500755
营销部传真：(022)23508542　邮购部电话：(022)23502200

*

天津泰宇印务有限公司印刷
全国各地新华书店经销

*

2017 年 7 月第 1 版　　2017 年 7 月第 1 次印刷
260×185 毫米　16 开本　9.25 印张　208 千字
定价：24.00 元

如遇图书印装质量问题，请与本社营销部联系调换，电话：(022)23507125

前　言

爱尔兰教育技术专家基更（Desmond Keegan）在 *From D-learning, to E-learning, to M-learning* 一文中，根据学习形式与手段的不同，把远程学习分为三个阶段：一是 D-learning（远程学习），特点是实现了教师与学生的时空分离；二是 E-learning（电子学习），特点是实现了远程的面授教学；三是 M-learning（移动学习），特点是可以随时、随地进行自由的学习。美国新媒体联盟发布的 2014 年《地平线报告》显示：移动学习已经成为教育信息化的一个主题，而学习分析将成为教育信息化发展的一个重要趋势。美国网络媒体 *Business Insider* 总编辑兼 CEO 亨利·布洛格特（Henry Blodget）发布的《移动互联网的未来——2014 年移动互联网年度报告》显示：在联网设备中，个人电脑所占份额越来越少，而智能手机异军突起，成为主流的互联网接入设备。

随着智能手机、平板电脑等移动设备的普及，移动互联时代已经到来，移动设备几乎渗透到生活的方方面面，互联网装进了每个人的口袋，这为移动学习的开展提供了必不可少的硬件基础。并且，适用于移动学习的 APP（移动应用软件）近年来发展迅速，其中即时通信工具由于具备非常广泛的用户基础，成为移动学习应用软件的主流。种种迹象表明，移动学习（Mobile Learning）已经成为目前网络远程学习的一个新的发展阶段。因此，我们觉得将移动学习方式应用于日常的教育教学，不失为一种有益的尝试，也一定会对教育信息化的发展起到积极的促进作用。本教材在深入研究移动学习的过程与方法的前提下，介绍各种移动学习平台应用思路与形式，希望能为热衷于移动学习研究与应用的老师们提供一些案例和帮助。

本教材共分 9 个模块：天津广播电视大学的鲁士发老师编写了模块 1 移动互联技术的发展趋势和模块 9 教学 APP 推介；天津师范大学教师教育学院的李凤来老师和天津师范大学 2014 级研究生郝好、纪俭伟、韩笑、叶俏、张弓同学共同编写了模块 2 移动设备在面对面教学中的应用、模块 5 利用移动设备管理数字化学习资源和模块 6 教学 APP 的制作与应用；天津市南开区水上小学的张颖老师编写了模块 3 在线教学和模块 8 在线考试与测评；天津市红桥区教师进修中心的杜永刚老师编写了模块 4 移动互联技术支持下的交流与协作；天津滨海新区汉沽第九中学的赵杰、杨威老师编写了模块 7 在线学习；鲁士发老师完成了全书的统稿工作。

在编写过程中，我们得到了天津师范大学教育学院及南开大学出版社的大力支持，在此一并表示感谢。

本书所涉及的应用软件平台版权归著作权单位所有，特此声明。

由于编写水平有限，疏漏之处敬请读者谅解。

编　者
2015 年 12 月 25 日

目 录

模块 1　移动互联技术的发展趋势 1
　活动 1　信息时代的变化 1
　活动 2　互联网应用移动化延伸 3
　活动 3　了解移动学习 4
　活动 4　移动学习的优势 5

模块 2　移动设备在面对面教学中的应用 6
　活动 1　安卓系统无线传屏 6
　活动 2　苹果 iOS 系统无线传屏 10
　活动 3　利用同屏器实现传屏 13
　活动 4　使用 TeamViewer 进行桌面共享 15
　活动 5　使用 WPS 进行共享播放 17

模块 3　在线教学 22
　活动 1　使用百度传课共享网络课程 22
　活动 2　使用四叶草云课堂进行网络教学 23
　活动 3　使用盒子鱼（老师版）进行网络教学 29
　活动 4　使用 PingPong 进行师生互动 33
　活动 5　使用 ClassDojo 进行学习管理 40

模块 4　移动互联技术支持下的交流与协作 45
　活动 1　使用 QQ 群进行学习交流 45
　活动 2　使用微信进行学习交流 47
　活动 3　在 WPS 中建立协作圈子 50
　活动 4　使用 OneNote 共享学习 52

模块 5　利用移动设备管理数字化学习资源 64
　活动 1　iMindMap 思维导图软件的使用 64
　活动 2　百度云盘的使用 69

模块 6　教学 APP 的制作与应用 74
　活动 1　APP 制作工具简介 74

  活动 2 利用金和 IU 平台制作 APP 课程 77
  活动 3 利用应用公园平台制作 APP 课程 86
  活动 4 使用微信公众号制作网络课程 97

模块 7 在线学习 106
  活动 1 基于网易云课堂的自主学习 106
  活动 2 使用盒子鱼（学生版）自主学习 111

模块 8 在线考试与测评 116
  活动 1 使用问卷星平台进行在线测评 116
  活动 2 使用教之初平台进行在线测评 118
  活动 3 使用微信公众号进行学习统计与分析 126

模块 9 教育 APP 推介 133
  活动 1 移动办公类 APP 133
  活动 2 电子白板类 APP 137
  活动 3 手写计算器类 APP 140

模块 1　移动互联技术的发展趋势

活动 1　信息时代的变化

1.《地平线报告》简介

由美国新媒体联盟每年发布的《地平线报告》,针对世界技术的发展和教育信息化的整体情况,提出未来六年中,可能在教育中普及应用并成为主流的六项新兴技术。2004~2014 年《地平线报告》预测的技术如图 1-1 所示。从中不难发现这样的规律:网络是教育信息化发展的基础,移动学习已经成为教育信息化的一个主题,而学习分析将成为教育信息化发展的一个重要趋势。

	2004	2005	2006	2007	2008	2009	2010	2011	2012	2013	2014	2015	2016	2017	2018	2019
2004	学习对象	可缩放矢量图	快速成型	多模块接口	情景感知	知识网络										
2005		延伸学习	无线网络	智能搜索	教育游戏	社交网络	情景感知									
2006			社会计算	个人广播	口袋里的手机	教育游戏	增强现实	情景感知								
2007				用户创建内容	社交网络	移动手机	虚拟世界	新的知识体系	大型教育游戏							
2008					草根视频	网络协作	移动宽带	数据聚合	集体智慧	社会操作系统						
2009						移动技术	云计算	地理定位	个性化网站	语义网应用	物联网					
2010							移动计算	开放内容	电子图书	简易增强现实	手势的计算	可视化数据				
2011								电子书	移动设备	增强现实	游戏化学习	基于手势	学习分析			
2012									移动应用程序	平板电脑应用	基于游戏的学习	学习分析	基于手势的计算	物联网		
2013										云计算	移动学习	学习分析	开放内容	三维打印	虚拟远程实验室	
2014											翻转课堂	学习分析技术	三维打印	游戏化学习	量化自我	虚拟助理

图 1-1 《地平线报告》2004~2014 年预测的技术

2. 未来移动互联网 10 大热门技术

目前,互联网行业的发展已经进入一个新阶段,移动互联网技术的发展和运用日益成熟,传统互联网企业都已经开始自觉地运用移动互联网技术和概念拓展新业务和寻找新的发展方向。

（1）HTML5

HTML5 对于移动应用便携性意义重大，但是它的分裂性和不成熟会产生许多实施上和安全上的风险。然而，随着 HTML5 及其开发工具的成熟，移动网站和混合应用的普及将增长。因此，尽管有许多挑战，HTML5 对于提供跨多个平台的应用的机构来说是一个重要的技术。

（2）多平台/多架构应用开发工具

大多数机构需要应用开发工具支持未来的"3×3"平台与架构，即三个主要平台（Android、iOS 和 Windows）和三个主要架构（本地、混合和移动 Web）。工具选择是一个复杂的平衡行动，权衡许多技术和非技术问题，如生产效率和厂商的稳定性。大多数机构还需要一些工具组合协助他们搭建适宜的架构和平台。

（3）可穿戴设备

智能手机将成为个人局域网的中心。个人局域网由身体上的健康医疗传感器、智能首饰、智能手表、显示设备（如谷歌眼镜）和嵌入服装和鞋中的各种传感器组成。这些技术设备将与移动应用沟通，用新的方式提供信息，在体育运动、健身、时尚和健康医疗等方面推出广泛的产品和服务。

（4）高精确度移动定位技术

知道一个人的精确位置是提供相关位置信息和服务的一个关键因素。利用室内准确定位的应用现在使用 Wi-Fi、图像、超声波信号和地磁等技术。可以预期的是，使用新蓝牙智能标准的无线信号的应用将增长。从长远看，智能照明等技术也将变得非常重要。准确室内定位技术与移动应用的结合将产生新一代非常个性化的服务和信息。

（5）新的 Wi-Fi 标准

新的 Wi-Fi 标准，如 802.11ac、11ad、11aq 和 11ah，将提高 Wi-Fi 性能，使 Wi-Fi 成为遥测等应用更重要的技术部分，并且使 Wi-Fi 能够提供新的服务。在未来五年里，随着机构中出现更多的具有 Wi-Fi 功能的设备，随着蜂窝工作量转移更流行，以及定位应用需要密度更大的接入点配置，对于 Wi-Fi 基础设施的需求将增长。新标准和新应用所需要的性能产生的机会要求许多机构修改或者更换自己的 Wi-Fi 基础设施。

（6）高级移动用户体验设计

领先的移动应用将提供不同寻常的用户体验。这种用户体验是采用各种新技术和方法实现的，如动机设计、"安静的"设计和"好玩的"设计。设计者还创建能够应对移动挑战的应用，如部分用户关注和中断或者能够利用增强现实等新颖的功能来使用这个技术。领先的消费者应用程序将为用户界面设计制定一个高标准。所有的机构必须掌握新的技能并且与新的伙伴合作以满足用户日益增长的需求。

（7）企业移动管理

企业移动管理（EMM）这个词解释移动管理、安全和技术支持等技术未来的演进和融合。企业移动管理包括移动设备管理、移动应用管理、包装和集装箱化以及企业文件同步化和共享的一些因素。这些工具将成熟，应用范围扩大并且最终解决智能手机、平板电脑和 PC 上所有流行的操作系统的移动管理需求。

（8）智能对象

到 2020 年，成熟市场的普通富裕家庭都会有数百个智能对象，包括 LED 灯泡、玩具、家用设备、体育设备、医疗设备以及可控制的电源插座等。这些家庭智能对象将是物联网的一部分，其中多数设备能够以某种方式与智能手机或者平板电脑中的应用沟通。智能手机和平板电脑将执行许多功能，包括遥控器、显示和分析信息、与社交网络配合监视能够发微博或者发帖的"东西"、支付订阅服务费、订购更换耗材和更新对象固件。

（9）测量与监视工具

移动设备的多样性使全面的应用测试成为不可能的事情。移动网络不确定的性质和支持移动网络的云服务能够产生很难发现的性能瓶颈。通常叫作"应用性能监视"的移动测量和监视工具能够帮助解决这个问题。移动应用监视工具能够提供应用行为的可见性、提供使用哪些设备或者操作系统的统计、监视用户行为以便确定成功地利用了哪一个应用程序的性能。

（10）LTE 和 LTE-A

LTE 和接替它的技术 LTE-A 是提高频谱效率的蜂窝技术，从理论上可将蜂窝网络的最大上载速度提高到每秒 1 GB，同时减少延迟。所有的移动用户都将从改善的带宽中受益。优越的性能和 LTE 广播等新功能将使网络运营商能够提供新的服务。

活动 2　互联网应用移动化延伸

1. Wi-Fi 的日益普及

Wi-Fi 是一种可以将个人电脑、手持设备（如 pad、手机）等终端以无线方式互相连接的技术，事实上它是一个高频无线电信号，现在已经成为了无线网络的约定俗成的一个代称。目前，Wi-Fi 已经成为大多数人的默认互联网连接方式，"Wi-Fi 优先"业务模式将继续发展。据专家分析，目前我国现有的公众 Wi-Fi 保守估计也有近 1000 万 AP，规模异常庞大。据 Wi-Fi 联盟的数据显示，中国的 Wi-Fi 普及率达到 21.8%，2016 年，中国将新增 1.1 亿个 Wi-Fi 家庭，占全球 Wi-Fi 家庭总量的 31%。

2. 4G 网络迅速发展

4G 为第四代移动电话行动通信标准，是第四代移动通信技术的外语缩写。4G 能够以 100 Mbps 以上的速度下载，能够满足几乎所有用户对于无线服务的要求，有着不可比拟的优越性。2015 年，我国 4G 网络基本覆盖了市县城区、发达乡镇镇区、校园及高流量交通线，4G 连接数达到 1 亿，预计到 2020 年将达到 9 亿左右，4G 网络将影响着人们的生活和学习。

3. 云服务

云服务是基于云计算技术的动态、易扩展、虚拟化的互联网服务。云是网络、互联网的一种比喻说法，它意味着计算能力也可作为一种商品通过互联网进行流通。

云计算是继客户端—服务器的大转变之后的又一种巨变，是分布式计算、并行计算、效用计算、网络存储、虚拟化、负载均衡等传统计算机和网络技术发展融合的产物。

云存储是在云计算概念上延伸和发展出来的一个新的概念，是指通过集群应用、网格技术或分布式文件系统等功能，将网络中大量各种不同类型的存储设备通过应用软件集合起来协同工作，共同对外提供数据存储和业务访问功能的一个系统。当云计算系统运算和处理的核心是大量数据的存储和管理时，云计算系统中就需要配置大量的存储设备，那么云计算系统就转变成为一个云存储系统，所以云存储是一个以数据存储和管理为核心的云计算系统。

活动 3　了解移动学习

移动学习（Mobile Learning）是一种在移动设备帮助下的能够在任何时间、任何地点发生的学习，是远程学习的一个最新发展阶段。爱尔兰教育技术专家基更（Desmond Keegan）在《从远程学习到电子学习再到移动学习》一文中，根据学习形式与手段的不同，把远程学习分为三个阶段：一是远程学习（D-learning），特点是实现了教师与学生的时空分离；二是电子学习（E-learning），特点是实现了远程的面授教学；三是移动学习（M-learning），特点是可以随时、随地进行自由的学习。

当前，随着智能手机、平板电脑等移动设备的普及，移动互联时代已经到来，移动设备几乎渗透到了生活的方方面面，互联网装进了每个人的口袋，这为移动学习的开展提供了必不可少的硬件基础。美国网络媒体 *Business Insider* 总编兼 CEO 亨利·布洛格特（Henry Blodget）在《移动互联网的未来——2014 年移动互联网年度报告》里显示：在联网设备中，PC 所占份额越来越少，而智能手机异军突起，成为了主流的互联网接入设备（如图 1-2 所示）。

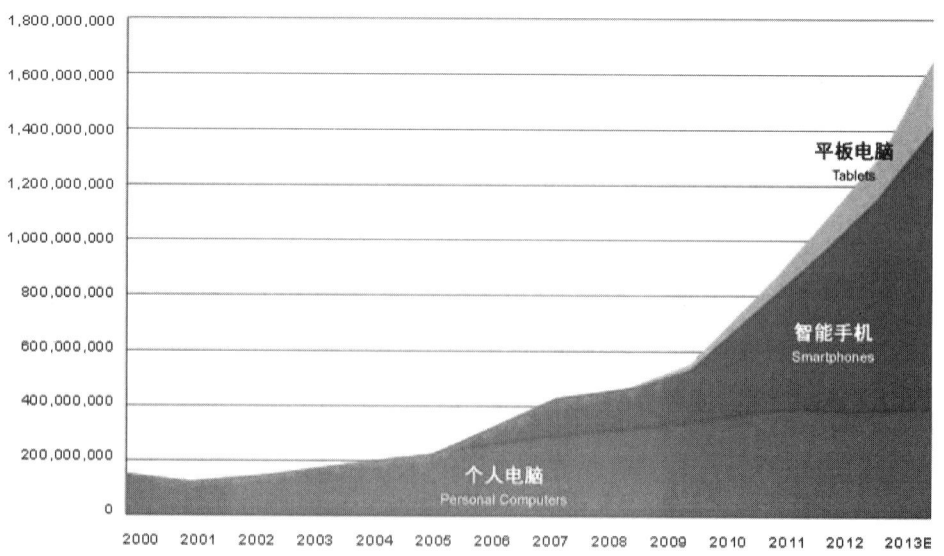

图 1-2　全球可连接互联网设备出货情况

除了必要的硬件基础，移动学习还需要借助相关的软件来开展。适用于移动学习的 APP（移动应用软件）在近年来发展迅速，其中即时通信工具由于具备非常广泛的用户基础，或将成为了移动学习应用软件的主流。

活动 4　移动学习的优势

随时随地地学习，满足了个性化需求，移动学习的特点决定了移动学习和传统教育相比具有独特的优势，这也奠定了在未来学习中的重要地位。

第一，打破了学习时空的限制。随着新技术的迅猛发展，基于移动计算技术和无线通信技术等移动互联技术的移动学习，彻底打破了传统教育中对学习时空的限制。在移动学习过程中，学习设备便于随身携带，学习者可以根据自己的需要随时随地进行学习或上传学习资源，尤其是对于那些由于身体原因无法去学校的学习者，可以在家、医院等非正式场合以任何方式进行学习，这不仅有利于学习者进行自主化学习而且还极大地满足了学习者对个性化学习的需求。

第二，满足了终身学习的需求。在科技发展日新月异、知识更新日益加快的今天，终身学习对于我们每一个人都显得十分重要，它贯穿于人的一生，要求我们不断地学习。而"自由、灵活、便捷、个性化"的移动学习极大地满足了终身学习的需求，诠释了终身学习的理念，为终身学习提供最佳的平台。

第三，增强了学习的时效性。在传统教育中，学习者遇到问题往往要等教师上课的时候才能请教。而在移动学习中，学生可以随时随地通过手机、Pad 等移动设备上与教师进行沟通和交流，同时教师也可以通过移动学习平台给学生布置作业和批改作业。这样不仅提高了学习效率而且还消除了师生之间的距离感，也极大地增强了学习的时效性，减少了问题的积累进而提高了学习效率。

模块 2　移动设备在面对面教学中的应用

活动 1　安卓系统无线传屏

1. 搭设网络环境

智能手机或平板电脑要和电脑在同一个无线路由器提供的 Wi-Fi 环境中（专业说法是在同一网段中）。如果电脑没有无线网卡（如台式机），可以通过网线连接到无线路由器。通过 Wi-Fi，智能手机或平板电脑的屏幕传到电脑屏幕上，电脑和投影仪连接，将画面投影到大屏幕上（如图 2-1 所示）。

图 2-1　无线传屏所需的网络环境

2. 安装软件

在移动设备上安装 WiFi-Doc，在电脑上安装 MirrorOp Receiver，如图 2-2 所示。

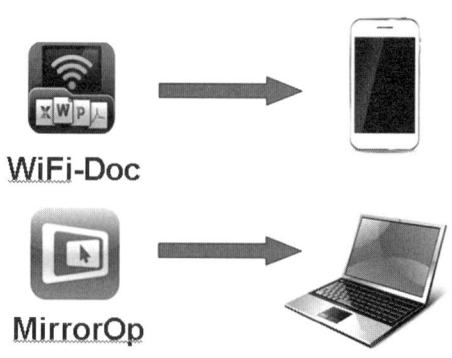

图 2-2　安装软件

3．连接软件

打开电脑端的 MirrorOp Receiver，如图 2-3 所示可以看到接收器的名字以及 IP 地址。

图 2-3　电脑端启动 MirrorOp Receiver

打开手机端的 WiFi-Doc，此时手机端会显示图 2-4 所示画面：点击红色接收器图标，连接到所选择的设备上，也可以手动添加 IP 地址。

图 2-4　手机端启动 WiFi-Doc

4．实现传屏

连接成功后会看到图 2-5 所示界面，可以将文件或图片进行传屏。

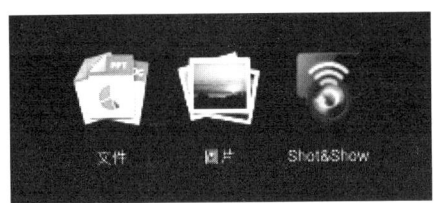

图 2-5　连接后的画面

如果要将 Word、PPT、Excel 或 PDF 文件进行传屏，则点击手机端的文件图标，打开 Download 文件夹如图 2-6 所示。

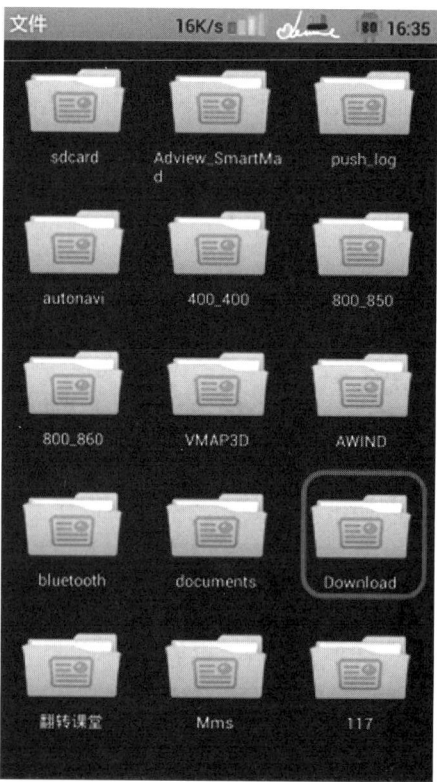

图 2-6　打开 Download 文件夹

选择 Download 文件夹里的文件并打开，如图 2-7 所示。

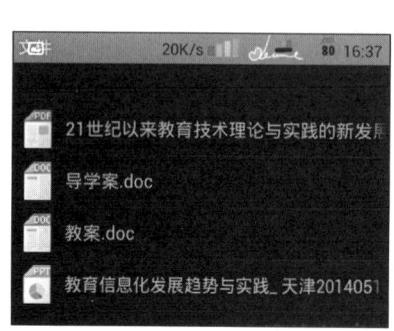

图 2-7　打开一个文件

此时可以看到电脑端的 MirrorOp Receiver 中显示了同样的画面如图 2-8 所示。当用手机播放 PPT 时，在手机端翻页时，大屏幕上的画面也会同步变化。

图 2-8　实现无线传屏

老师还可以在课堂上拍摄学生的练习、实验场面、学习活动等，在手机端的 WiFi-Doc 中点击"图片"按钮，在弹出的对话框（图 2-9 所示）点击"Camera"，就可以将照片无线传屏到电脑端了。

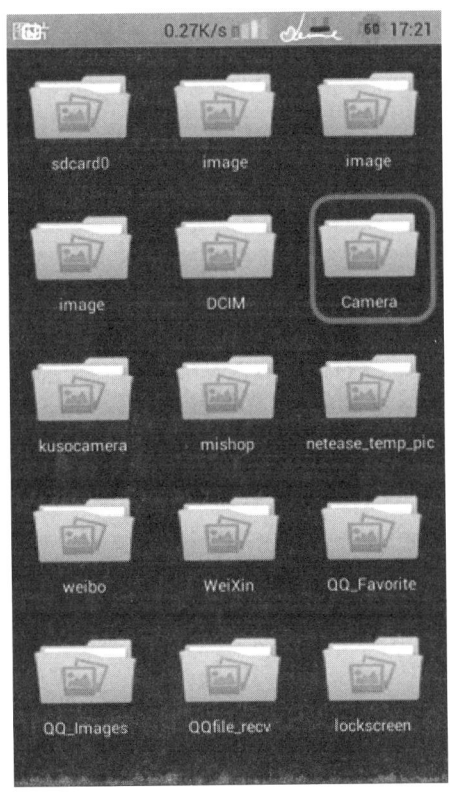

图 2-9　打开 Camera 文件夹

在 Camera 中选择一张要分享的照片，可以在电脑端同步看到手机中的照片，当在手机端翻看图片或者对图片进行放大缩小时，电脑端的画面也会跟着变化。

活动 2　苹果 iOS 系统无线传屏

1．搭设网络环境

智能手机或平板电脑要和电脑在同一个无线路由器提供的 Wi-Fi 环境中。如果电脑没有无线网卡（如台式机），可以通过网线连接到无线路由器。通过 Wi-Fi（参见图 2-1），智能手机或平板电脑的屏幕传到电脑屏幕上，电脑和投影仪连接，将画面投影到大屏幕上。

2．安装软件

苹果移动设备要支持 iOS 5 以上系统，无须安装 APP。

电脑端的系统可以是 Windows XP 以上系统。

在电脑端安装 iTunes（http://www.apple.com/cn/itunes/），然后安装 iTools（http://www.itools.hk）如图 2-10 所示。

图 2-10　电脑端安装的软件

3．启用 iTools

打开 iTools，在工具箱的设备管理中选择"苹果录屏大师"，如图 2-11 所示。

图 2-11　启动苹果录屏大师

如果电脑会弹出防火墙网络提醒，勾选专用公共网络并点击"允许访问"。

点击"苹果录屏大师"后，来到"连接向导"的页面，如图 2-12 所示。

图 2-12　连接向导

4．调试移动端

在 iPad 或者 iPhone 在主屏幕状态下，从底端向上滑出上拉菜单，如图 2-13 所示。

图 2-13　滑出上拉菜单

点击 AirPlay 后，选择 iTools，打开"镜像"（呈现绿色），如图 2-14 所示。

图 2-14　打开 AirPlay

设置完成后，苹果移动设备的屏幕就传屏到计算机中了，如图 2-15 所示。

 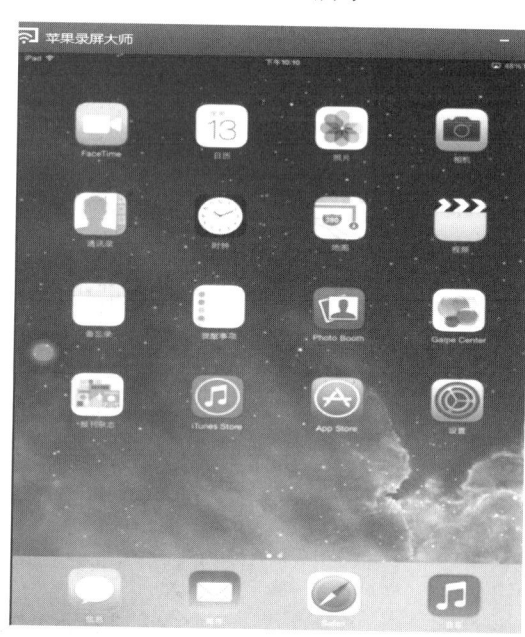

　　　　（a）平板画面　　　　　　　　　　　　（b）PC 端的画面

图 2-15　传屏后的画面

活动3 利用同屏器实现传屏

现在市面上的无限同屏器品牌比较多,移动设备系统也不一样,不同品牌产品的使用方法也有一些区别。大致分为以下的几个步骤。

1. 无线同屏器与电视连接

将无线同屏器与电视的 HDMI 接口连接,可以直接连接,也可以通过 HDMI 延长线连接。无线同屏器所需的电源,可以接到电视的 USB 接口供电,也可以直接连接电源(建议采用后一种),参见图 2-16。

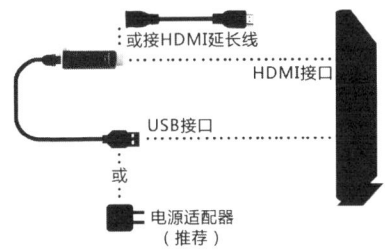

图 2-16　无线同屏器与电视连接

2. 调试电视机

在电视的信号源菜单中,选择 HDMI 模式。

3. 调试移动设备

打开移动设备的 WLAN,连接 Wi-Fi,选择更多设置,找到同屏器对应名称,点击连接,如图 2-17 所示。

图 2-17　移动设备的 Wi-Fi 设置

4. 实现同屏

在移动设备中点击无线同屏器的名称后，看到电视机上出现移动设备的画面则说明连接成功。

如果移动设备是安卓 4.2 及以上的系统，电视支持 Miracast，则可以用图 2-18 所示方法实现同屏。实际举例见图 2-19。

图 2-18 Miracast 的设置方法

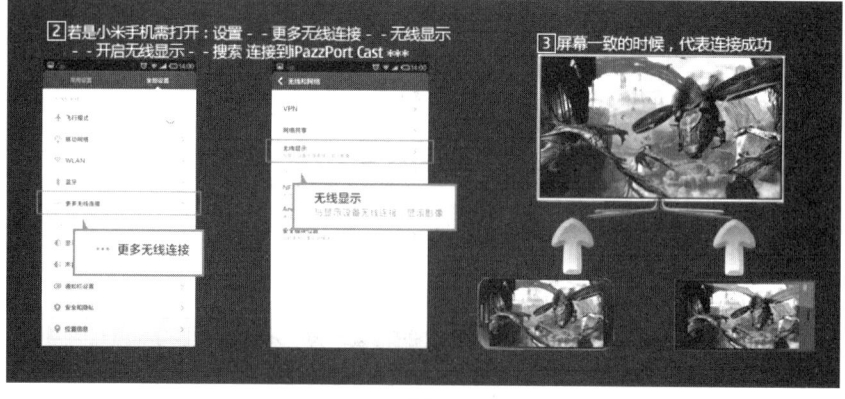

图 2-19 实现同屏举例

活动 4　使用 TeamViewer 进行桌面共享

　　TeamViewer 是一个能在任何防火墙和 NAT 代理的后台用于远程控制、桌面共享和文件传输的简单且快速的软件。可以连接任何两台终端（电脑与电脑、电脑与移动终端）。

　　TeamViewer 需要在电脑和移动设备上分别安装如图 2-20 所示。它支持 Windows、Android、iOS 多种操作系统，分为电脑版、Android 版、iPhone 版、Mac 版、iPad 版等。由于屏幕尺寸的问题，建议选用平板电脑作为移动设备。

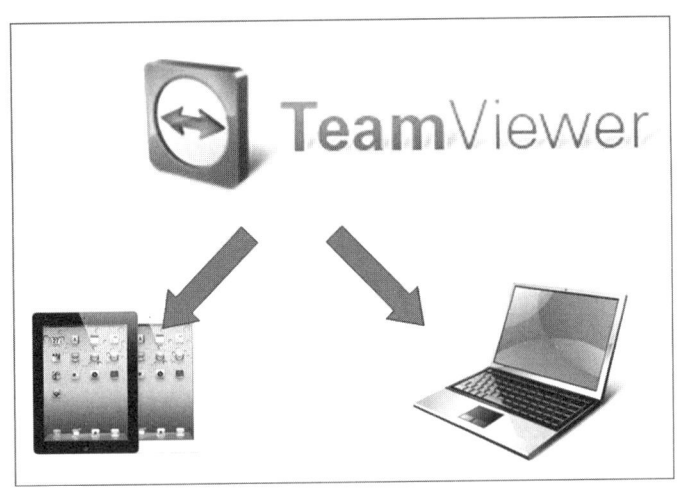

图 2-20　安装 TeamViewer

　　电脑端：在百度中搜索 TeamViewer，下载并安装该软件。

　　移动设备端：在 App Store 或安卓市场中搜索 TeamViewer，如图 2-21 所示，即可下载并安装该软件。

图 2-21　移动设备端下载 TeamViewer

使用 TeamViewer 无需电脑和移动设备同在一个网络环境下，只要都能上网即可。

首先在电脑端启动 TeamViewer 如图 2-22 所示，TeamViewer 会提供一个 ID 和密码，控制端只需要输入该 ID 和密码，即可实现远程控制。除远程控制之外，还可以进行文件传输。

实现远程控制时，被控制端（电脑）会自动提供 ID 和密码。

图 2-22　电脑端启动 TeamViewer

电脑端 TeamViewer 就绪后，启动移动设备上的 TeamViewer 如图 2-23 所示，按照提示输入该 ID 和密码，即可实现远程控制，如图 2-24 所示。

图 2-23　移动设备端输入 ID 和密码

远程控制提供了多种基于手势的操作，可以实现单击、双击、右击、拖动、缩放、滚动、悬停等鼠标动作，如图 2-25 所示。

图 2-24　实现远程控制

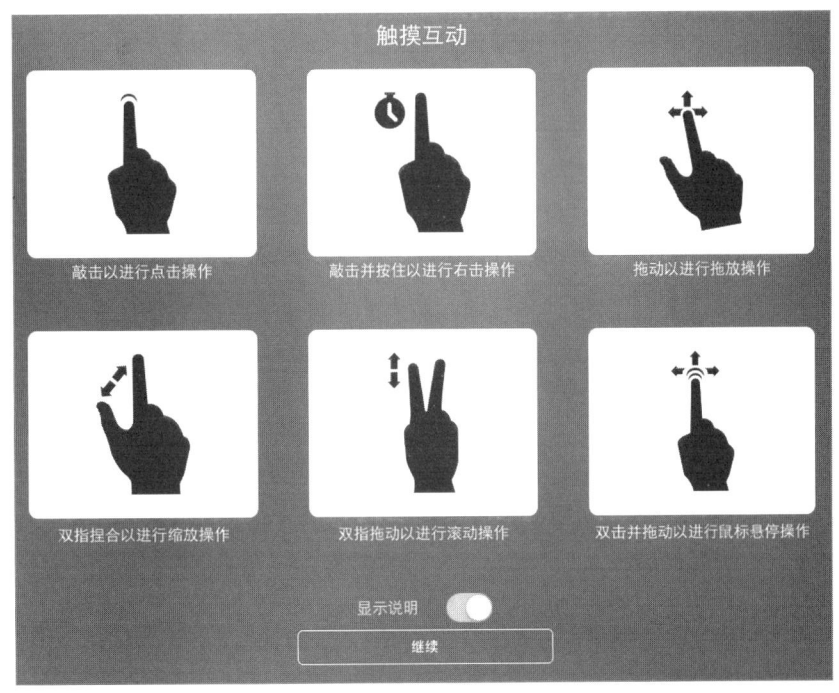

图 2-25　移动设备端操作方法

活动 5　使用 WPS 进行共享播放

移动版 WPS 上推出了"共享播放"的功能，支持安卓和 iOS 版本的 WPS 进行跨平台、跨网段的同步共享播放。

iOS 版本的 WPS，共享播放的选项在底部菜单中的小助手中，如图 2-26 所示。点击共享播放，会出现提示框，如图 2-27 所示。

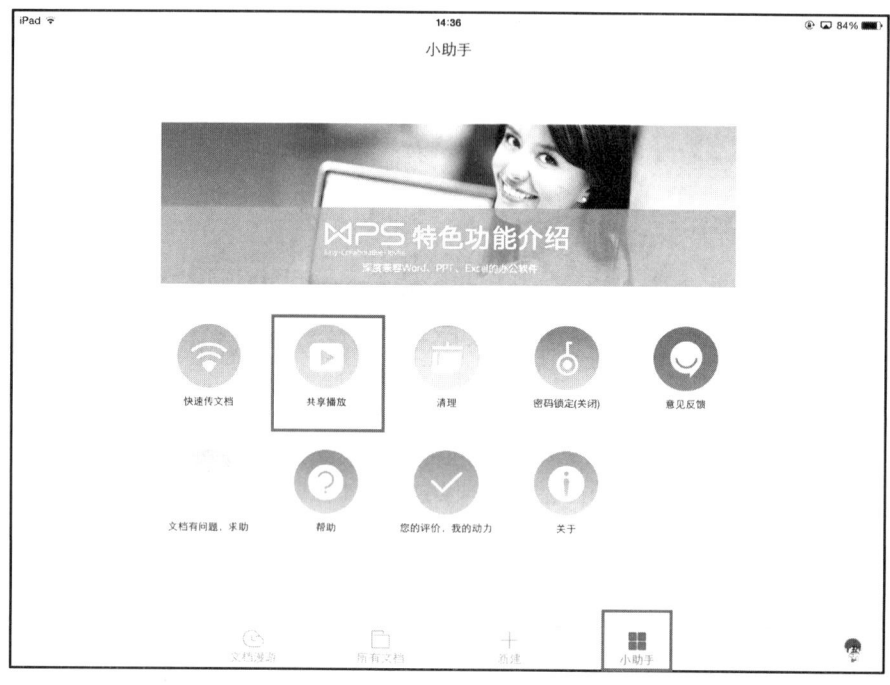

图 2-26　WPS 小助手

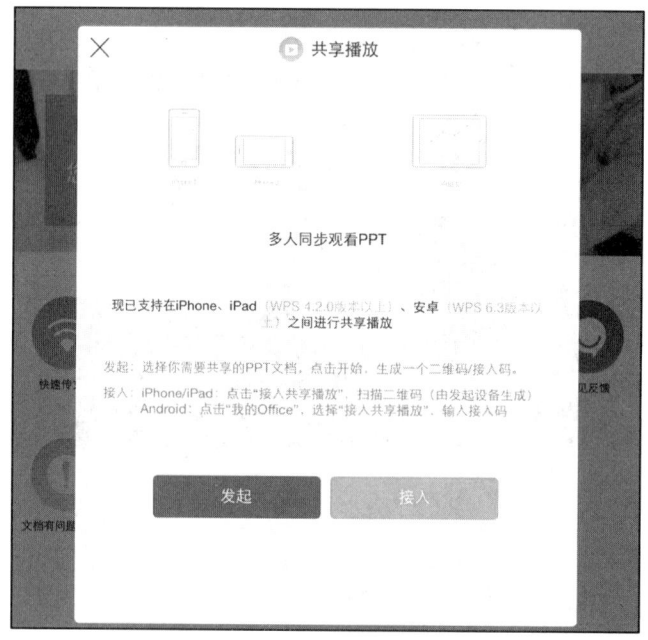

图 2-27　WPS 共享播放

只要选择"发起"选项，之后打开需要播放的文件，点击"开始"，便会进入播放界面，如图 2-28 所示。

图 2-28　播放界面

在播放界面可以看到右下方的提示框中显示在线人数以及接入码，只要将接入码发送给需要分享播放的设备即可。

接入播放只要选择"接入"后输入接入码即可，如图 2-29 所示。

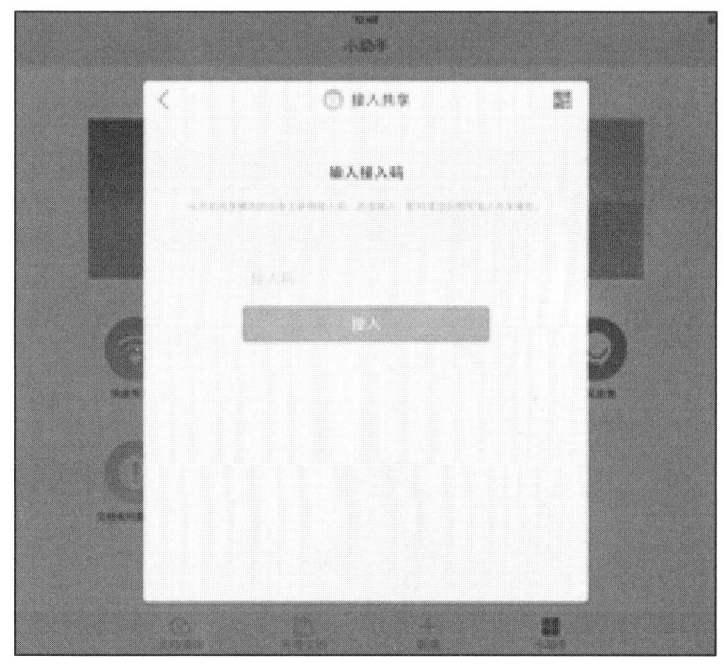

图 2-29　输入接入码

安卓版本和 iOS 版本的操作略有不同。

安卓版本 WPS 需要先进入 PPT 的播放界面。首先，选择 PPT 文档类型，如图 2-30 所示打开文件，进入播放菜单。

之后选择播放界面中的播放选项（图 2-31），会看到有共享播放的选项，如图 2-32 所示。

点击共享播放后可以看到接入码，在线人数等设置对话框（如图 2-33 所示），按照需要进行选择即可。

图 2-30　打开 PPT

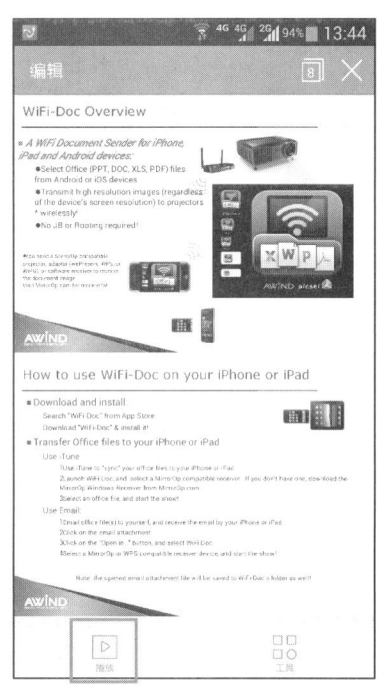

图 2-31　选择"接入"按钮

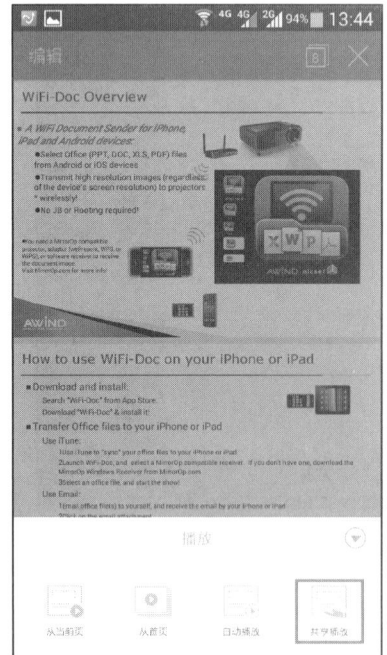

图 2-32　共享播放

图 2-33　共享播放设置

如果需要接入共享播放，只要在主界面的下方菜单选择我的 Office，点击接入共享播放即可，如图 2-34 所示。

图 2-34　接入共享播放

模块 3　在线教学

活动 1　使用百度传课共享网络课程

登录注册百度传课账户,并注册一个网校,如图 3-1 所示。

图 3-1　KK 登录界面

制作完成微课后,可以通过 KK 上传到后台,仅仅上传视频还是不够的,需要把视频添加到已发布的课程中,才能让学生学习。具体步骤如下:

第一步,打开一个已经发布的课程,然后进入课程管理中,如图 3-2 所示。先为章节填写一个标题。

图 3-2　课程管理

第二步，添加小节。在写好小节的标题后，为其安排课程。

第三步，添加视频。先把视频传到视频库中，然后进入视频库，可以在搜索中输入视频的标签，在查找到要添加的视频后（图 3-3），选中后点"确定"。

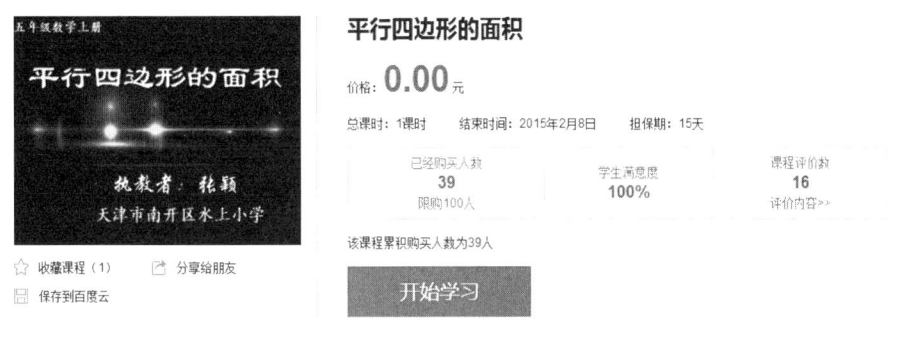

图 3-3　添加视频

第四步，返回到课程前台，会有刚添加的视频缩略图，然后点"保存"，此时就已经把视频添加到当前课程中了，如需要继续，按相同方法添加即可。

活动 2　使用四叶草云课堂进行网络教学

四叶草云课堂有教师端和学生端，通过线上资源分享、课堂上平板电脑的使用，结合其他辅助设备，实现更高效的师生双向互动。为教师实现移动教学提供支持，为学生提供结构化预习工具，并将教师课前备课准备、上课学习互动、课堂表现分析贯穿在一起，是课堂互动的完美解决方案。

1. 下载

打开 iPad，在 AppStore 中搜索"四叶草云课堂"，教师端和学生端在一起，找到并下载即可。

登录教师端，点击学生模块，然后点击右上角的班级按钮（图 3-4），会弹出选择班级的框，选择后点击"确定"即可。确定之后在学生模块页面会列出当前班级的学生，点击任意一个学生，便可以看到学生的一些详细信息。

在学生端中，点击页面左下角的未连接按钮，就可以选择在线的老师进行连接，连接上后，师生就可以实现互动了，参见图 3-5。

2. 录制课程

在教师端白板中（图 3-6），老师可以进行微课的录制，点击上方的录制按钮即可。教师可以根据上方的工具，选择任意的工具进行书写和编辑：左上角的垃圾箱按钮可以删除白板上的所有内容；旁边的返回按钮，可以撤销前一步的操作；橡皮擦按钮点击即可以随意擦除白板上的内容。白板的背景可以自定义，可以导入自己相册中好看的图片，四叶草云课堂中内置了许多素材，如：植物、人物、动物，等等，导入的图片或素材可通过手指进行放大、缩小和旋转，如图 3-7 所示。如果想要删除某个素材，长按该素材即可。微课录好后再点击一次录制按钮即可保存下来（视频自动保存在 iPad 的照片中）。

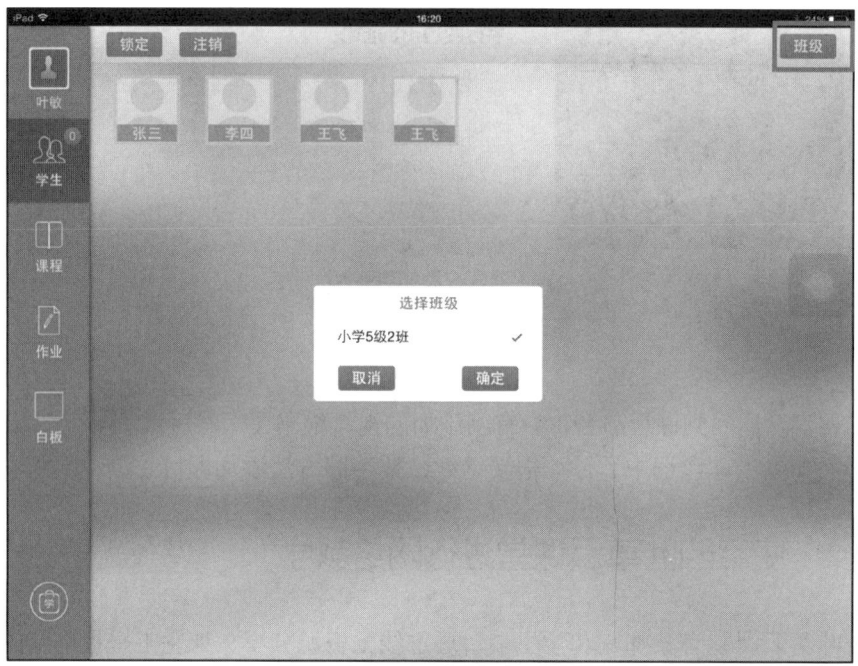

图 3-4　教师端选择班级

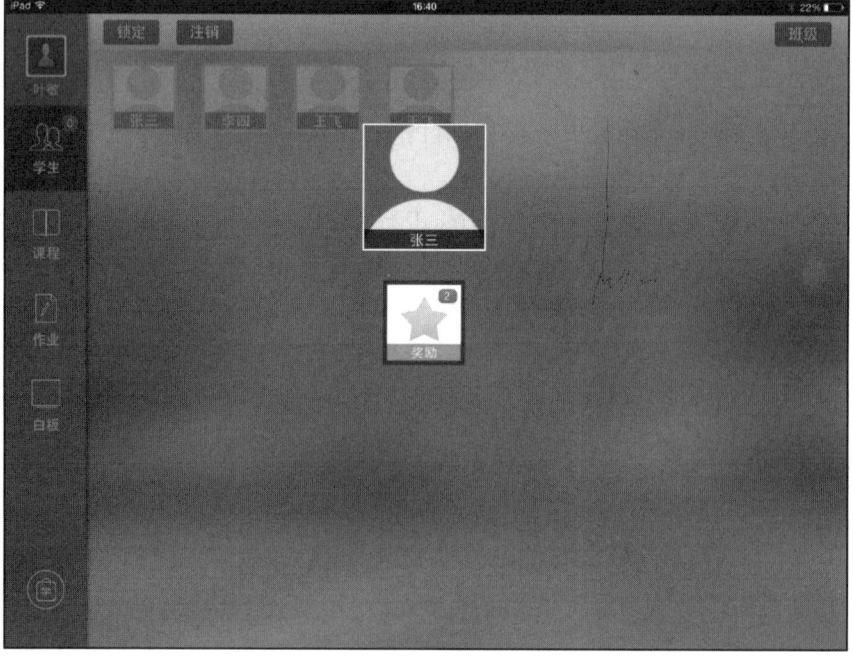

图 3-5　学生端选择老师

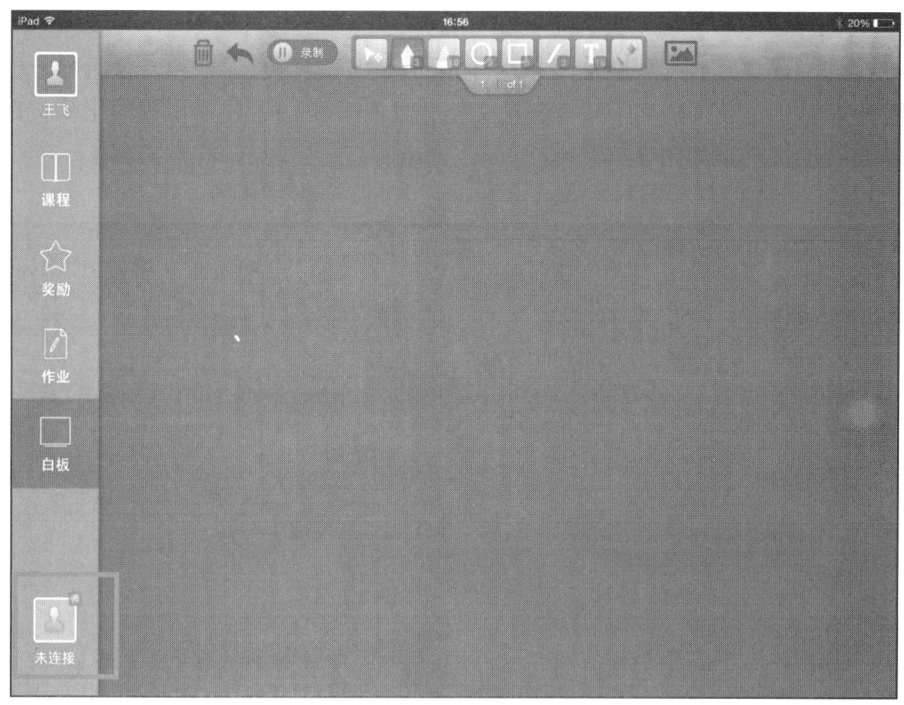

图 3-6　教师端白板

图 3-7　录制课程举例

3. 布置作业

选择课程模块，教师就会进入自己开设的课程，右侧有课件和习题两个子栏目，课件中显示是教师上传的所有课件（包括文档、微视频等），点击右上角的上传按钮，可以上传所需要的文件，如图 3-8 所示。

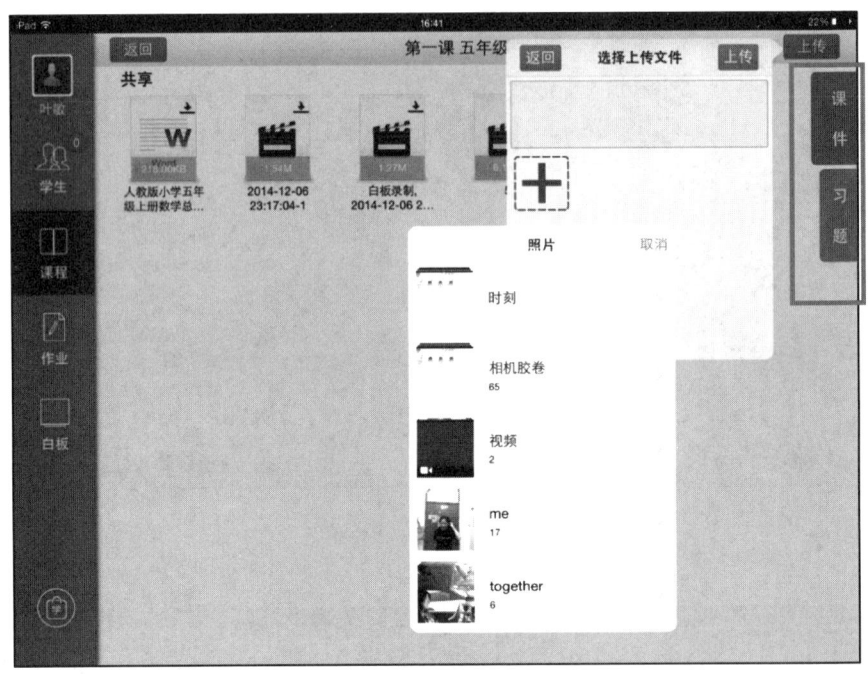

图 3-8　上传文件

点击习题，页面上就会出现老师出过得所有习题，点击每一个习题，进入习题详细页（图 3-9），在详细页中可以看到已答学生的人数以及正确人数和错误人数，同时在页面的下半部分有每一道题目学生在 A，B，C，D 答案上的统计情况。在题目所在的白框中，左右滑动可以换题。

图 3-10 和图 3-11 是学生端的作业模块，点击作业，页面会陈列出所有的作业，点击进入详细页（图 3-10），学生可以点击下方的上传答案来上传自己做好的内容，上传的格式比较多样（图 3-11），可以把答案拍下来，可以语音，可以从相册中选择，比如：可以把答案写在白板中，然后通过 iPad 屏幕截图把答案保存下来，然后点击相册进行上传。

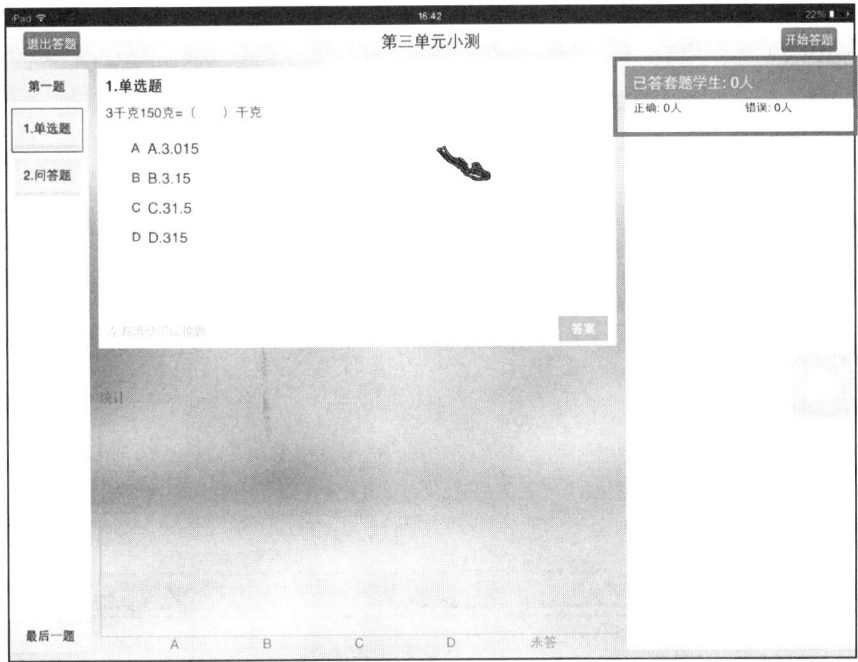

图 3-9 习题页面

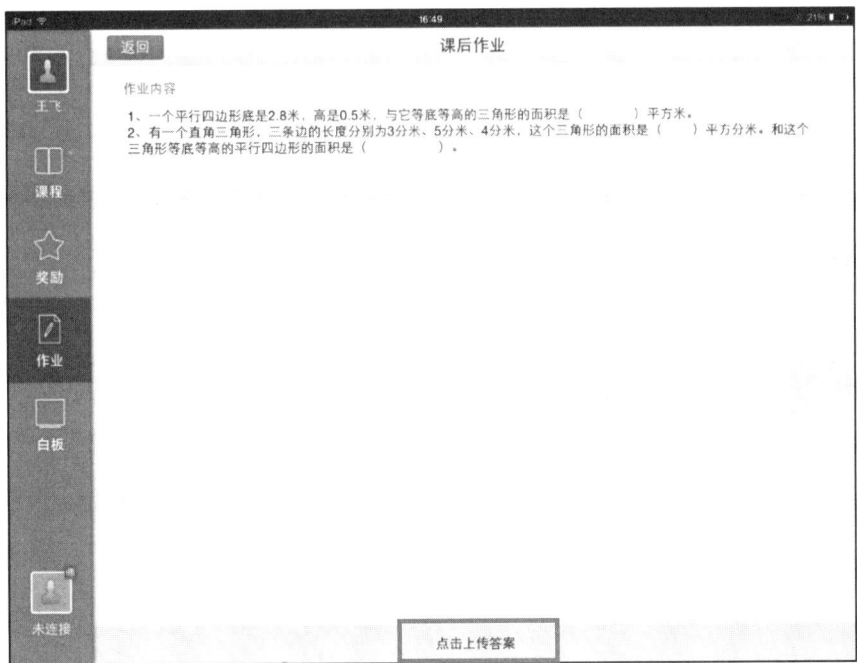

图 3-10 学生端作业页面

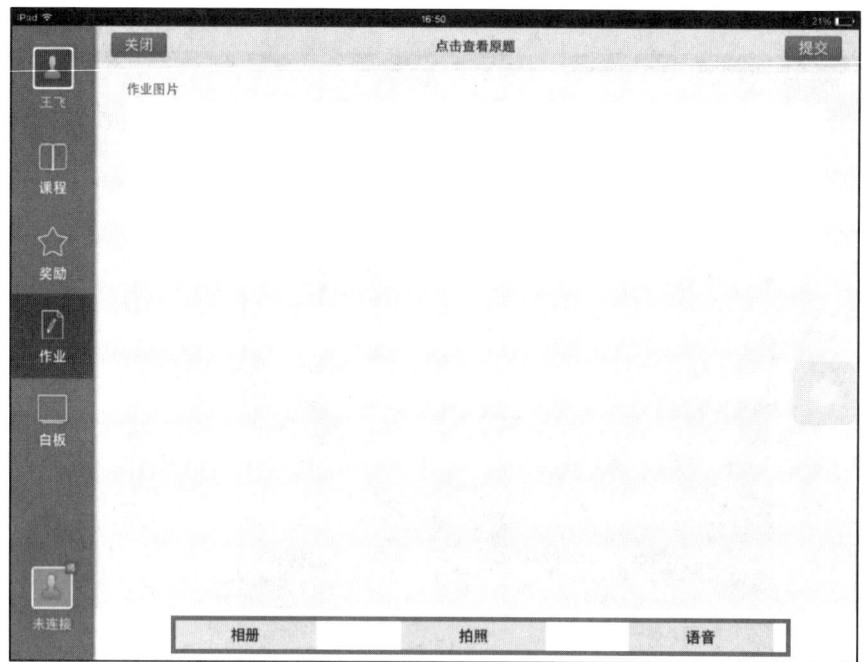

图 3-11 学生端上传答案

在教师端的作业模块,点击进入可以看到布置的所有作业(图 3-12),在每个作业的右下角可以看到作业的提交人数,点击任意一个进入作业的详细页中,在页面下方有一个点击查看学生答案的按钮(图 3-13),在右侧显示的是提交学生的名单,单击名字就可以看到学生上传的作业了,例如 3-13 图显示了张三同学用白板功能写下自己的答案然后上传。

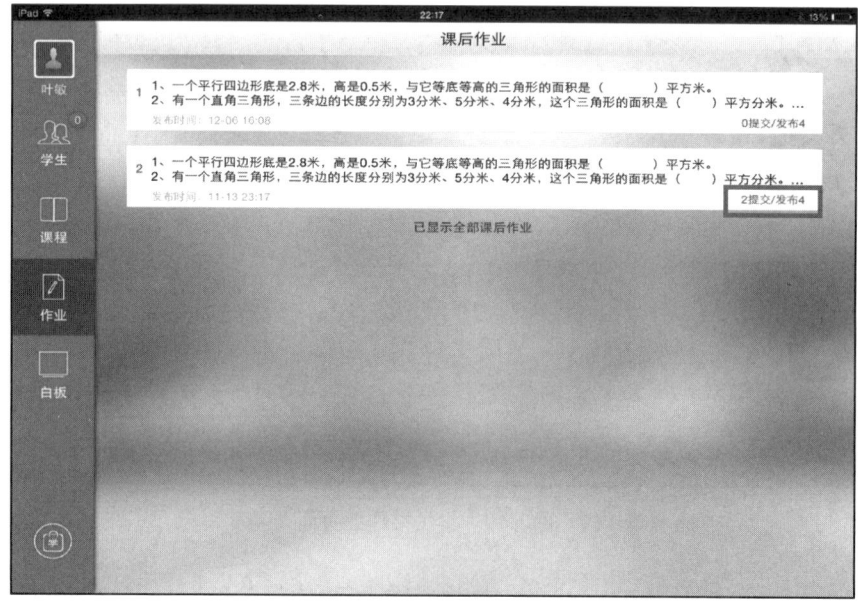

图 3-12 教师端作业页面

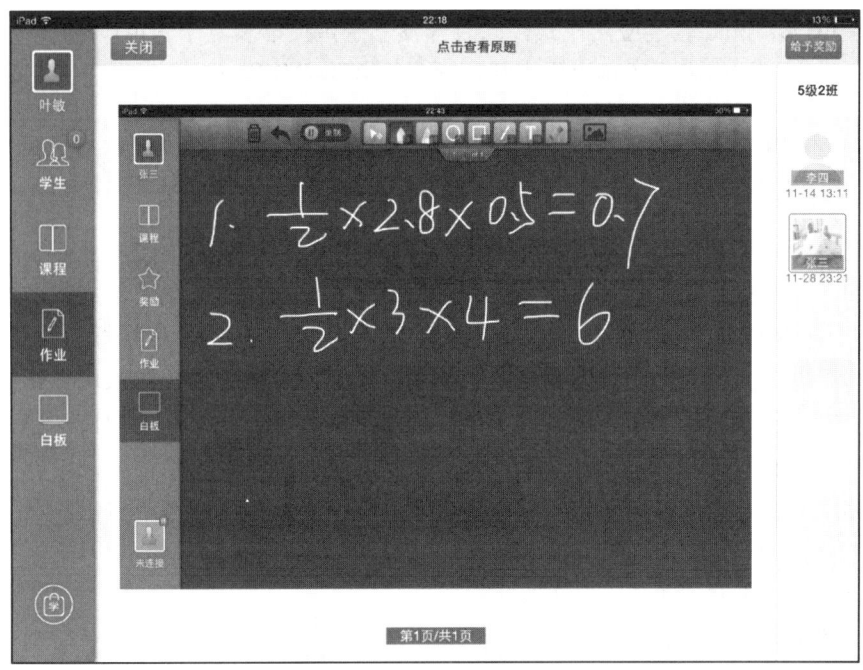

图 3-13　教师端学生作业

活动 3　使用盒子鱼（老师版）进行网络教学

1. 如何获得盒子鱼老师版

打开 iPad，在 App Store 中搜索"盒子鱼老师"，找到并下载即可，如图 3-14 所示。

图 3-14　盒子鱼下载界面

盒子鱼英语教学系统基于 iPad 平台进行开发，却不依赖于 iPad。

盒子鱼创新 iPad 教学应用模式，同时开发盒子鱼英语和盒子鱼英语老师两种版本。两者不仅内容相辅相成，还可以供老师、学生分别独立使用。

2. 老师如何掌握学生的学习情况

老师该怎样了解学生的学习情况呢？师生可通过盒子鱼共建班级，老师就可以轻松管理班级，实时掌握学生的学习情况了。

老师首先将自己的账号告知同学们，然后学生从学生版"指南"→"找老师"进入"找老师"搜索界面，在搜索框中输入老师的账号信息，根据提示进行搜索并提交申请。

老师可以在教师版界面中，点击书架所在屏幕左上方的小人，进入班级管理界面。点击班级管理界面的右上角，可以查看申请信息，接受或拒绝学生的申请。当有新的学生申请时，会有"new"字样的提示。老师可以在这里建立和删除班级，可以在班级中添加和移除学生；也可以通过点击学生头像查看单个学生成绩，或者点击班级下的"查看成绩"，检查整个班级学生完成作业的情况、并查看学生平均成绩。

简言之，师生共建班级的步骤如下：

（1）老师将自己的账号告诉学生；
（2）学生找到老师，并申请；
（3）老师通过学生申请，并进行班级管理。

3. 智能课件讲词汇

没有复杂的操作，没有高高的门槛，本着帮助老师们解决难题的初衷，盒子鱼英语智能课件讲单词，简单有趣！原本枯燥的词汇讲授部分，将成为学生学习生活中精彩的瞬间。

（1）主词页

盒子鱼中，每个单词的学习，都会配有一个主词页。主词页中至少会配有一幅图、一个描述图片的英文短语（名为图片英文）和图片英文的对应音频。进入主词页，音频会自动播放；如果想要重复听，点击图片所在屏幕即可。主词页的右下角有一个按钮"i"。如图 3-15 所示，点击右下角按钮，出现图片英文。如果对所学单词还不太了解，可以查看单词释义。单指单击图片英文所在的灰色区域即可。

图 3-15　点击屏幕发音，点击右下角"i"显示文字，点击文字显示释义

主词页中的图片英文，可以扩充。如图 3-16 所示，点击主词页右下角的"+"符号，

即可显示扩充后的英文；同时左下角会出现"-"符号，点击"-"返回前一页。老师在此处，可以引导学生们造句。

页面右上角还有一个盒子鱼按钮，点击会显示描述图片的一句话（此为拓展学习，老师可以根据需要自行选择讲解与否）。

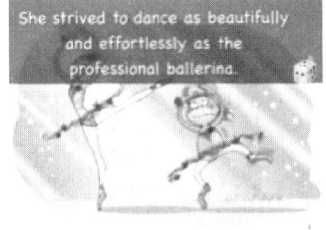

图 3-16　点击右下角"+"扩充文字，点击左下角"-"返回；点击右上角的盒子鱼显示图片描述

（2）翻页

当前页面内容学习结束后，单指从右向左滑动可进入下一页。主词页后，一般会有相应的对比页，拓展并巩固主词页的学习。对于比较简单的单词，其主词页后可能没有对比页，如图 3-17 所示。

图 3-17　单指，从右向左滑动，即可进入下一页

（3）对比页

对比页中有两张或者两张以上的图片并列排放，想要重点讲解其中一个时，只要单指双击图片，图片及图片英文就会放大，如图 3-18 所示。再次单指双击该图片，即可恢复并列排放。

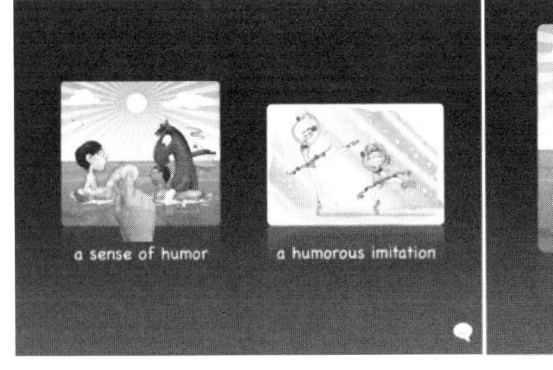

图 3-18　单指双击对比图片，图片及文字即可放大或还原

对比页中，有时候会有备注信息对单词的用法等给予补充扩展，此时对比页右下角会有一个按钮予以提示，如图 3-19 所示。点击按钮，就可以阅读备注信息。

对比有多种形式，比如近义词对比、反义词对比、词组对比、一词多义对比、衍生词对比等。有多种形式对比的单词，在其对比页的右下角，会有不同的按钮供老师选择对比形式。如图 3-20 所示，当前页是一词多义对比的界面；可以看出，fight 一词还有词组对比、衍生词对比、同类词汇对比。

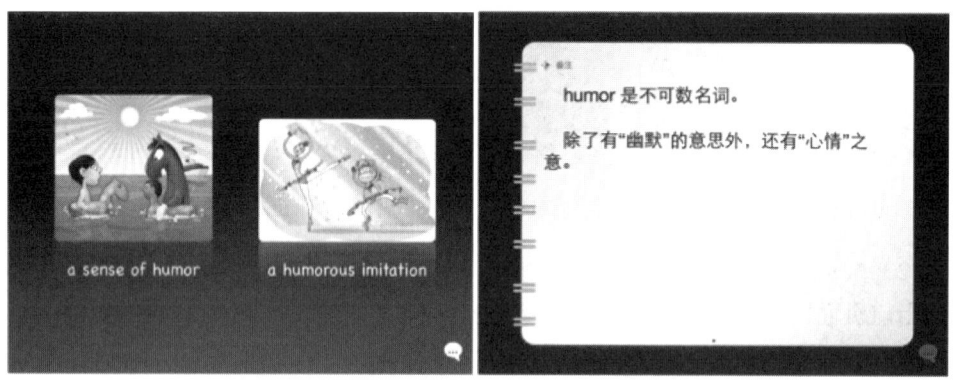

图 3-19　点击右下角图标，显示备注信息

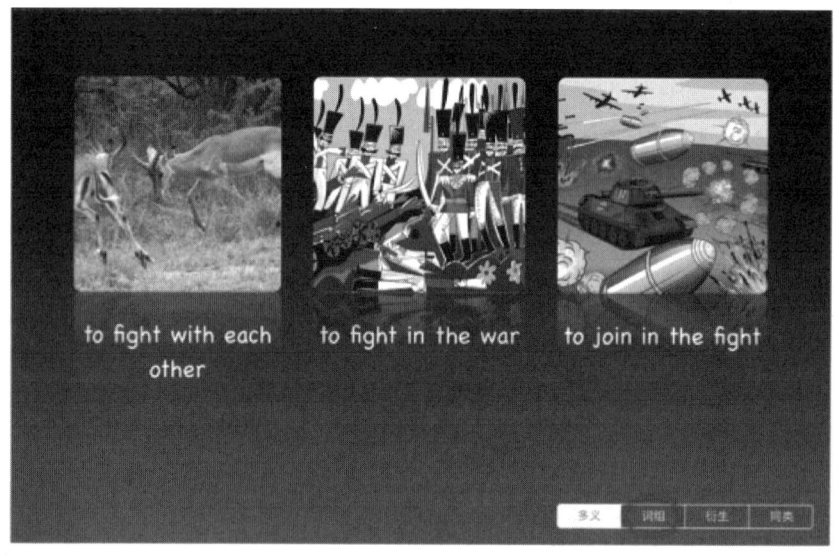

图 3-20　选择对比类型

4. 智能课件讲课文

盒子鱼智能课件，作为老师的帮手，操作简单却功能强大！纯文字课文、搭配音频材料的课文、搭配视频资源的课文分别针对不同类型的课程而设置。在智能课件的课文页面，可以进行如下操作：

（1）点击屏幕，逐步显示课文句子；

(2) 开启词典，帮助深入讲解词汇；

(3) 缩放文字，保护眼睛视力；

(4) 打开画板，讲解句子结构和逻辑结构；

(5) 标注句子成分；

(6) 使用逻辑树，清晰明了简单地讲解课文结构、句子逻辑。

5. 智能课件做测验

(1) 在 iPad 上轻点几下即可在自己 DIY 的练习册中选择选择最佳题目并发布给学生配套题库收录近十年的中高考真题，一模及二模题。每道题目均和知识点考点准确关联。

(2) 学生实时收到老师发布的题目，完成测验（iPad、iPhone、网页均可）。

(3) 老师用 iPad 实时查看学情，根据学情统计进行针对性教学。

(4) 老师根据智能课件上的学情统计直接进行针对性授课讲解。

活动 4　使用 PingPong 进行师生互动

PingPong 是一款帮助师生在课堂上进行互动的智能通信工具，其操作简易，在课堂上，使用速答测试，无需事前准备即可进行简单提问，从而掌握全班对课程的理解程度。可提供 4 种测试类型，提问、讨论、投票等可自行选择。通过印象笔记的联动，还可把在印象笔记中的备课内容轻松同步至课堂。下面以 iPad 上的 PingPong 为例介绍其主要功能和用法。

1. 注册、登录并建立房间

打开 iPad，在 AppStore 中搜索"PingPong"，找到并下载即可。其主界面如图 3-21 所示。教师点击 Host 进入，学生通过 Guest 进入。

图 3-21　PingPong 主界面

教师点击 Host 后进入如图 3-22 所示的画面，提示我们可以用三种方式登录，第一种用 Google 邮箱登录，第二种用 Facebook 账号登录，第三种是用以已验证的邮箱登录，我们可以选择第三种方式登录，如图 3-22 所示。

接下来是注册，进入如图 3-23 所示画面，此时选择"Join LinkedIn"。

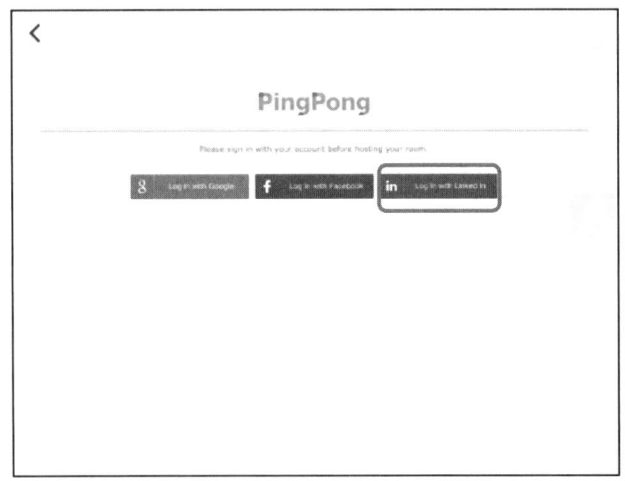

图 3-22 PingPong 登录界面

然后填入自己的任意一个邮箱和其他的信息，点击"加入领英"即可。如图 3-24 所示。

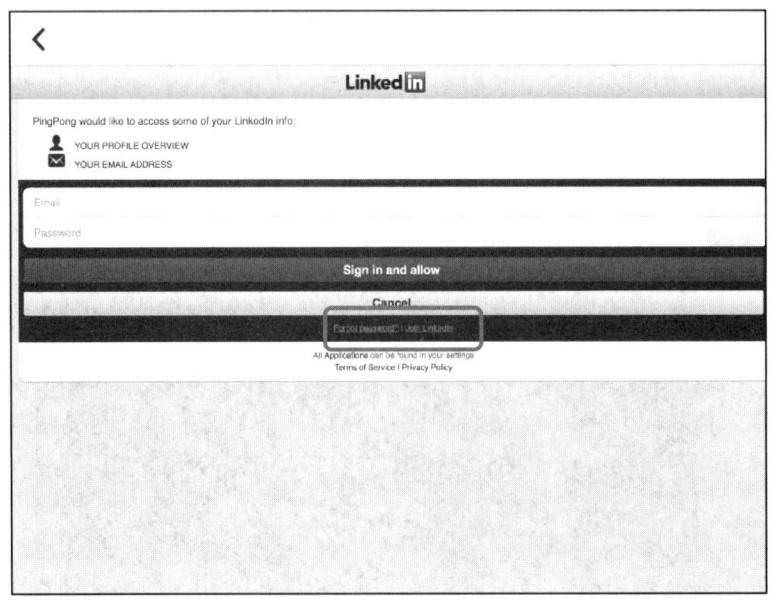

图 3-23 Linked In 界面

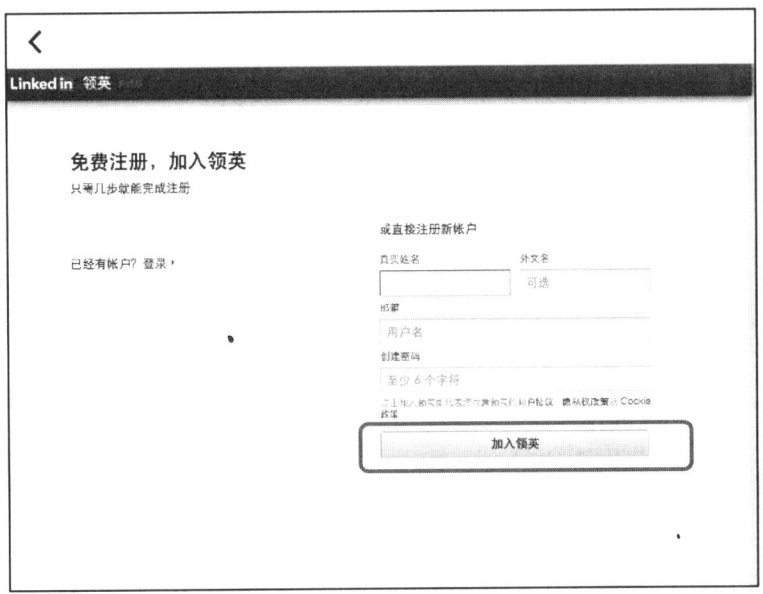

图 3-24　Linked In 注册画面

之后，会跳到填写详细信息的页面，填写信息后点击继续按钮即可。还会提示你到邮箱中点击链接进行确认，如图 3-25 所示，点击确认邮箱按钮就完成注册了。

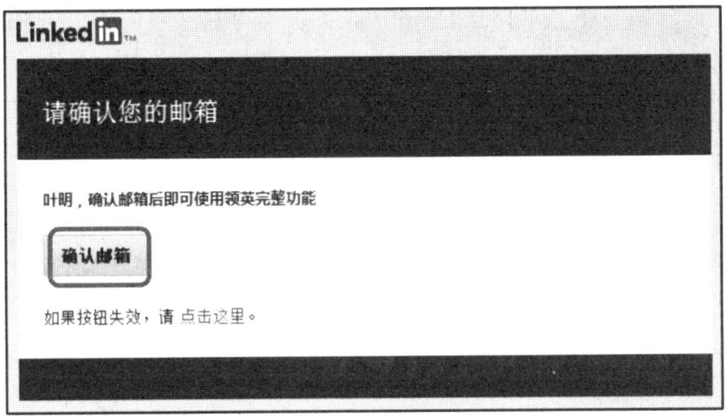

图 3-25　确认邮箱

注册成功后，输入你的邮箱和密码就可以进入到你的主页了，如图 3-26 所示，图上方会显示系统提供的一个房间号以及当前房间中的人数。

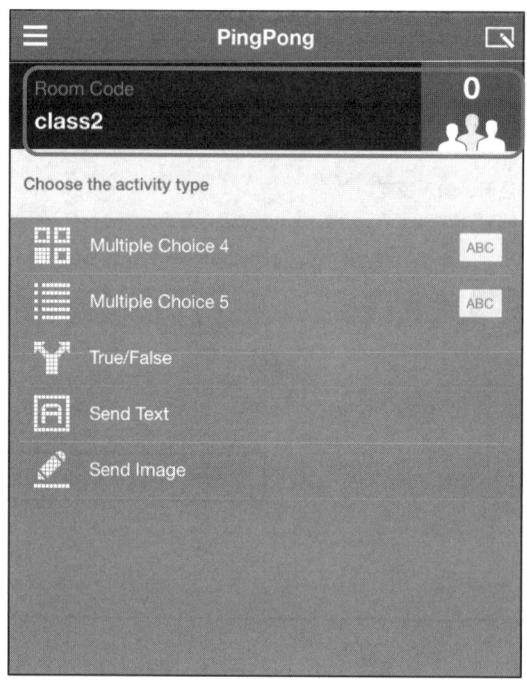

图 3-26　进入 PingPong

点击左上角的图标可以进入系统设置页面,如图 3-27 所示,通过"Link to Evernote"可以与印象笔记账号绑定,通过"Change Room Code"可以更改房间号,此外还有"Guide"(帮助)"Contact us"(联系我们)"Rate us"(评价我们)以及"Log Out"(退出)。

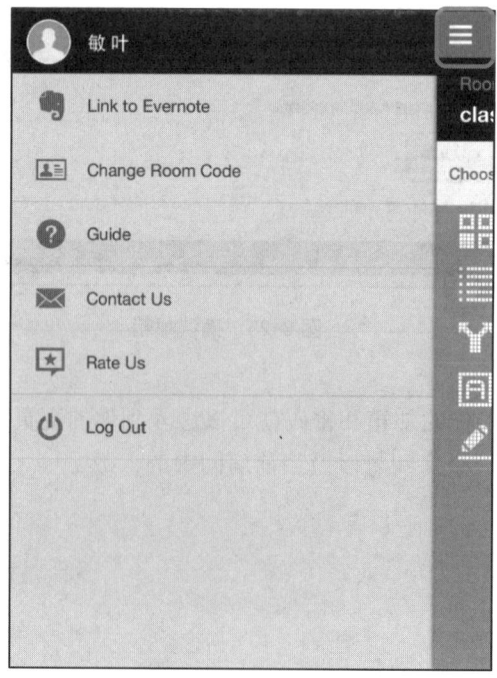

图 3-27　系统设置界面

2. 出题

从图 3-28 的主页面中我们可以看到，PingPong 可以出单选题、多选题、判断题、讨论题，还可以让学生发送图片。

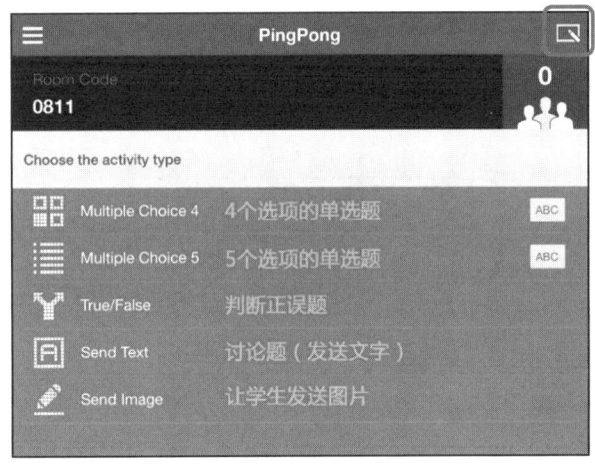

图 3-28　PingPong 主界面

点击右上角的图标，教师就可以进入编辑题干的页面，如图 3-29 所示。点击页面左下角的小铅笔图标会弹出如图 3-29 右下方所示的小图，教师选择想要的颜色就可以在页面上写字了，选择橡皮擦图标（）可以擦除文字，选择 All 图标（）可以擦除页面上的所有内容。点击右上角的"+"图标会弹出如图 3-29 右上方所示的小图，有定时器、随机点名和黑板等工具。

图 3-29　PingPong 编辑界面

题干编辑好后，点击左下角的图标，会弹出 5 种题型按钮供老师选择，如图 3-30 所示，点击相应的题型按钮，学生在学生端就可以作答了。教师还可以提前在印象笔记中备好课，这样就可以通过右上角印象笔记的图标非常方便地把备课内容导入。

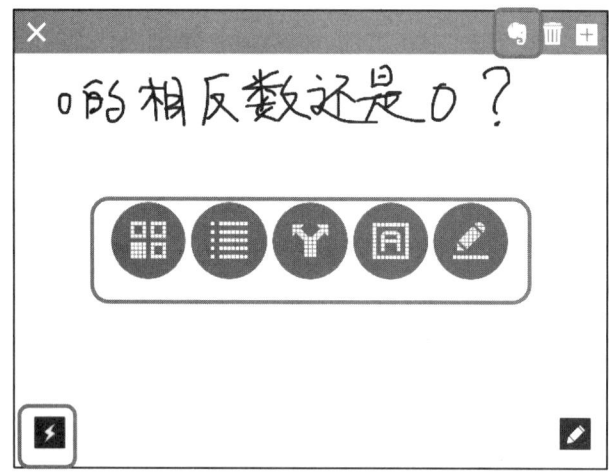

图 3-30　编辑界面

3. 学生端作答后教师给以反馈

学生端通过房间号和姓名进入教师开设的房间，如图 3-31 所示。

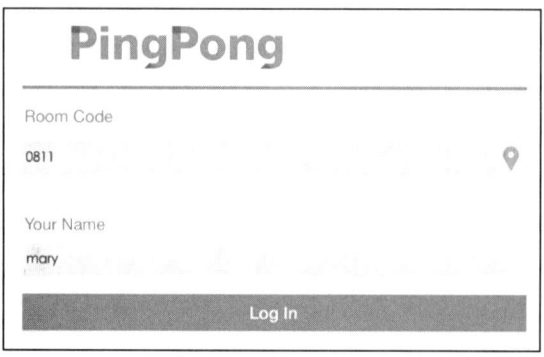

图 3-31　学生端

点击 Log In，教师未出题时，学生端显示如图 3-32 所示的等待界面。

图 3-32　等待界面

下面展示教师出题后，不同的题型学生端的画面，如图 3-33 到图 3-37 所示。

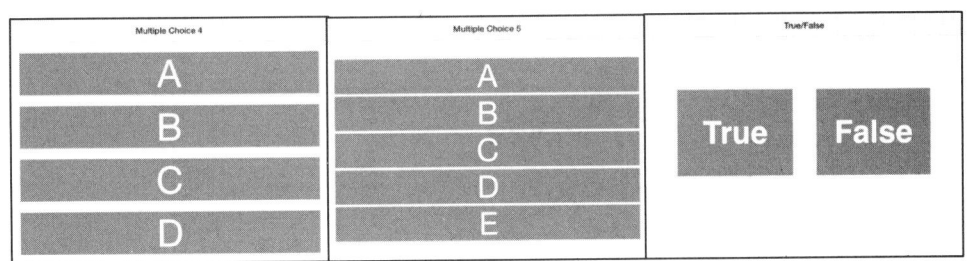

图 3-33　四选项单选题　　图 3-34　五选项单选题　　图 3-35　判断题

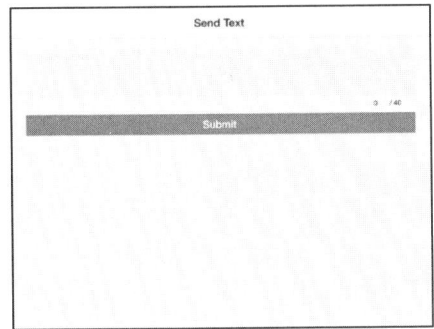 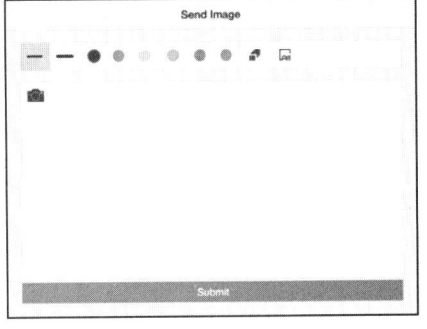

图 3-36　讨论题（学生端发送文字）　　图 3-37　发送图片（可选择用相机或手绘）

学生端点击选项后，教师端立刻就会有反应，如图 3-38 所示。

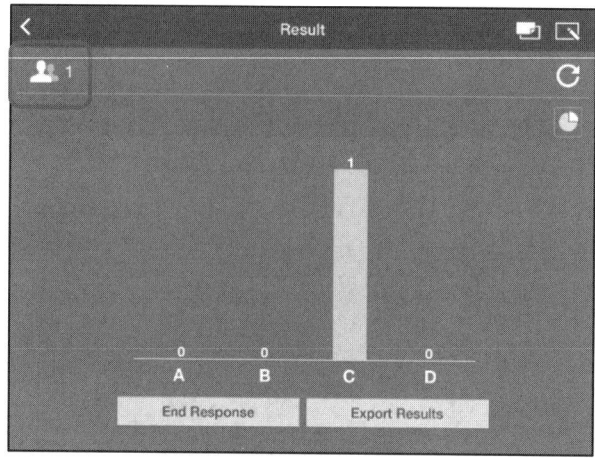

图 3-38 教师端显示

在图 3-38 的下方有两个按钮,"End Response"(结束答题)和"Export Results"(导出结果),结果是导出到个人的印象笔记里。点击左上角的图标会有详细的统计信息,包括选择各个选项人数和姓名等,点击右上角饼状图图标,系统会自动将结果以图表形式呈现,如图 3-39 所示。

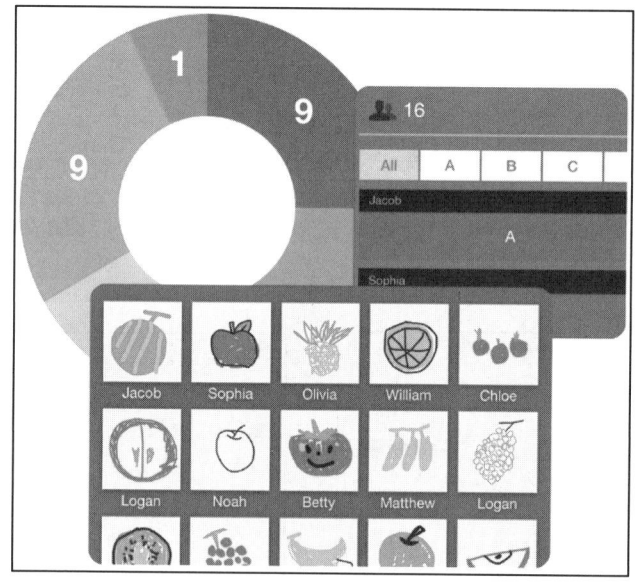

图 3-39 图表形式

活动 5 使用 ClassDojo 进行学习管理

ClassDojo 是一款可以记录学生课堂行为表现的软件,教师可以根据学生的不同表现进行打分和评比,激励学生不断上进有效的管理课堂。

在 Google 的应用商店可以将 ClassDojo 下载到老师的移动端和电脑端,老师可以利用手机和电脑来跟踪学生表现并进行管理,学生也可以在课上了解自己的行为表现,并且家长也可以在自己的移动终端来及时了解孩子在课堂上的表现。

ClassDojo 的使用方法很简单,首先通过常用邮箱注册一个教师账号(图 3-40)。

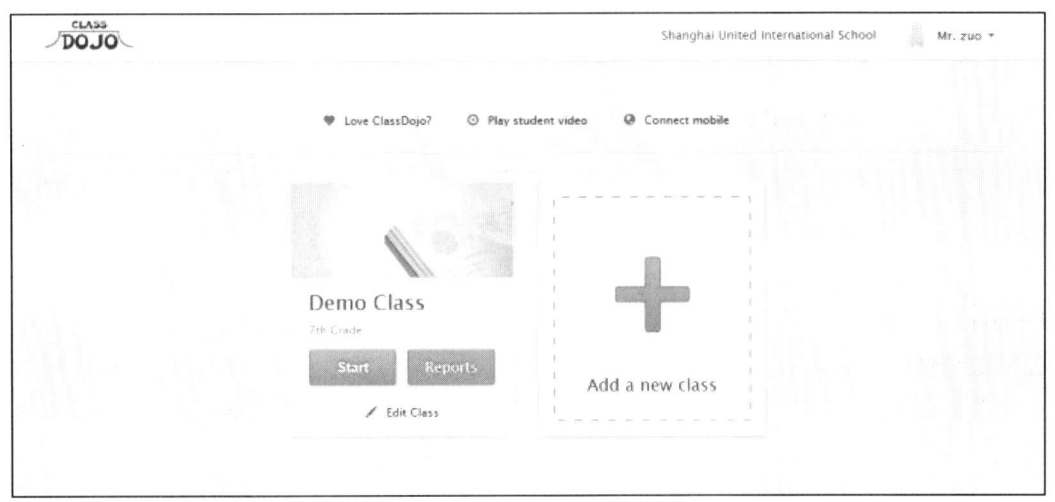

图 3-40　Class Dojo 登录界面

老师根据学生的人数,对每一个学生分配一个虚拟人物(图 3-41),上面每个头像都代表一个学生。

图 3-41　学生状态

教师可以在笔记本、平板电脑和智能手机上,根据学生一天的表现来加分和扣分。如果学生某天表现很好,那么将获得一次"微笑",即加 1 分(图 3-42)。

图 3-42　获得"微笑"加分

如果学生某天表现不佳,那么将得到一次"打击",即扣 1 分(图 3-43)。

图 3-43　获得"打击"扣分

当然在默认的情况下的话，奖励一次和惩罚一次是可以相互抵消掉的，如果老师们希望能够把奖励和惩罚都显示出来，那么可以根据旁边的设置进行调节（图 3-44）：选择 Display setting（呈现设置）中的 Separate totals（分开统计）即可。

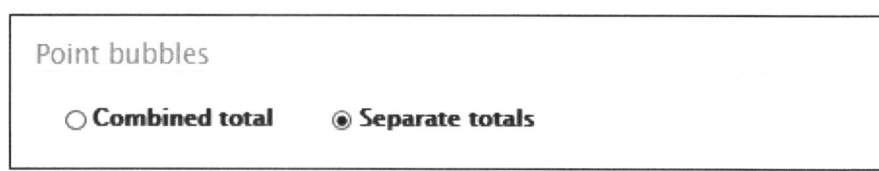

图 3-44　呈现设置界面

当然在 Display setting（呈现设置）中还包含很多其他的设置功能，如 Students and Behaviors（学生和行为），这里可以对学生的奖励和批评的名称进行编辑设置，可以根据自己个性化的需求对其进行设置进行加分，如积极参与老师互动(+1)，认真听讲(+1)，上课时候随意讲话（-1）等。还有对奖励图标大小、奖励和惩罚的提示声音，都可以对其进行设置。

在一节课结束之后，点击最右上角的那个 End Class 的选项，就会有一个出现对这节课的学生整体表现进行评价的统计分布表，如图 3-45 所示。

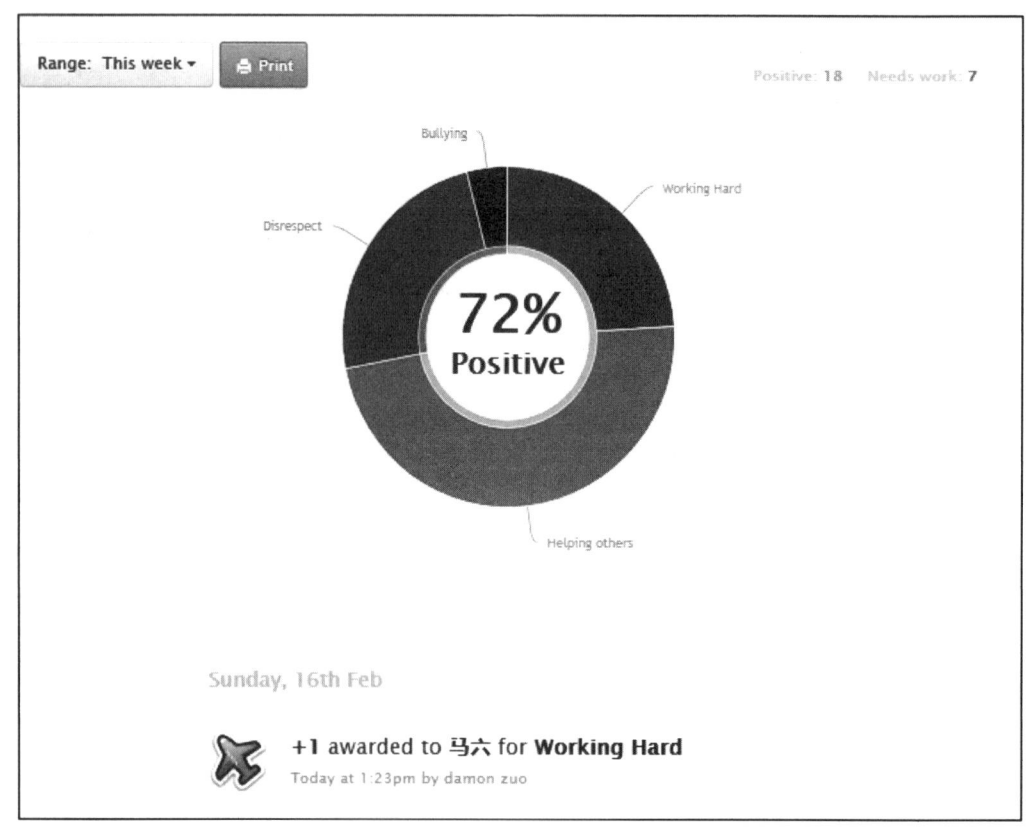

图 3-45　评价统计表

如果需要对一节课的时间进行设置，只要点击上面的 Timer（定时器）即可。同时这款软件还能对学生的考勤情况进行统计：用 Attendance（出席情况），单击之后进行选择。

ClassDojo 可以追踪学生几天到一学期的表现，而老师可以根据评定的结果给予学生评语，也可以记录数据提供给家长。可以用 2 种方式去发送给家长，第一种直接链接到该家长的 E-mail 地址，在一段时间结束之后就可以发送到家长对应的邮箱（如图 3-46 所示）。

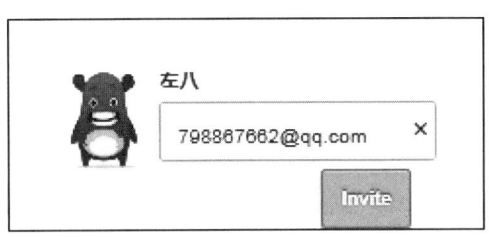

图 3-46　发邮件给家长

或者直接选择 Print code（打印验证码），而后就会下载这节课包含了所有学生信息的验证码合集，这里面包含了不仅仅是家长的登录这节课的评价验证码，同时也包含了学生的登录这节课的评价验证码，如图 3-47 所示。

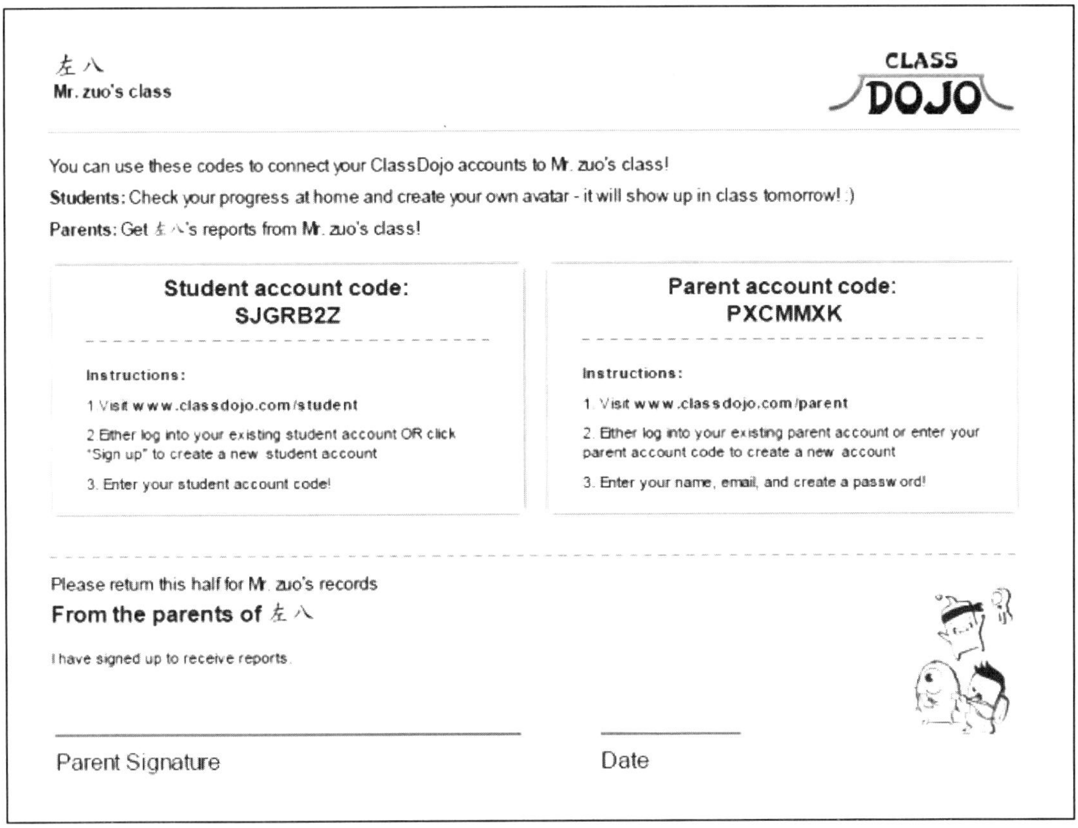

左八
Mr. zuo's class

CLASS DOJO

You can use these codes to connect your ClassDojo accounts to Mr. zuo's class!

Students: Check your progress at home and create your own avatar - it will show up in class tomorrow! :)

Parents: Get 左八's reports from Mr. zuo's class!

Student account code:
SJGRB2Z

Instructions:

1. Visit www.classdojo.com/student
2. Either log into your existing student account OR click "Sign up" to create a new student account
3. Enter your student account code!

Parent account code:
PXCMMXK

Instructions:

1. Visit www.classdojo.com/parent
2. Either log into your existing parent account or enter your parent account code to create a new account
3. Enter your name, email, and create a password!

Please return this half for Mr. zuo's records

From the parents of 左八

I have signed up to receive reports.

Parent Signature　　　　Date

图 3-47　打印验证码

ClassDojo 有如下的优点：

- 整合资讯与报表：只需一个按键，可以为老师和家长提供学生行为表现经历与分析和报表，了解这个班今天上课的整体情况，又或者是一个人在一个学期的上课整体情况。

● 激发学生的好胜心：学生名单可以通过投影仪进行展示，学生表现较好时，一个大大的红色"+1"标记将出现在姓名旁，这无疑对学生的起到了很好的激励作用。

● 节省时间：反馈机制简单，只需教师的一个手机点击，就可以把学生在学校的表现情况告诉家长，而不需要重复进行一一叙述。

模块 4 移动互联技术支持下的交流与协作

活动 1 使用 QQ 群进行学习交流

登录 QQ，进入 QQ 群界面，点击"创建"，选择"创建群"；然后选择群类型，根据页面提示填写群的相关信息。QQ 群建立之后，可以在 QQ 好友中选择一些人，邀请其加入成为群成员，也可以在完成创建后，公布群号邀请加入，如图 4-1 所示。

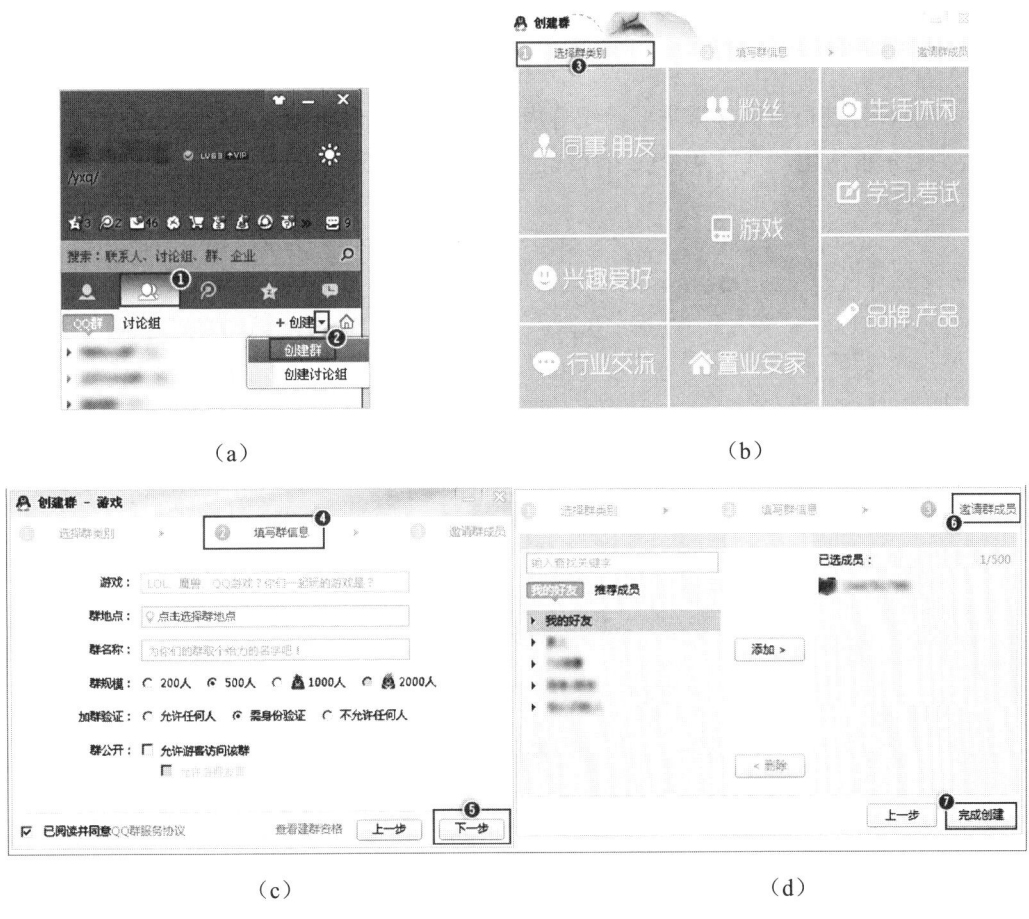

图 4-1 QQ 群的建立

对于手机用户，则可以通过"分享群"的方式，生成"群二维码"，扫一扫就可以加入 QQ 群，如图 4-2 所示。

图 4-2　手机用户分享群

群主和管理员可以根据需要组织群内各种活动,打开 QQ 群聊天窗口,在右侧应用处就会显示群应用。选择某个应用,或点击"更多",选择其他应用,如图 4-3 所示。

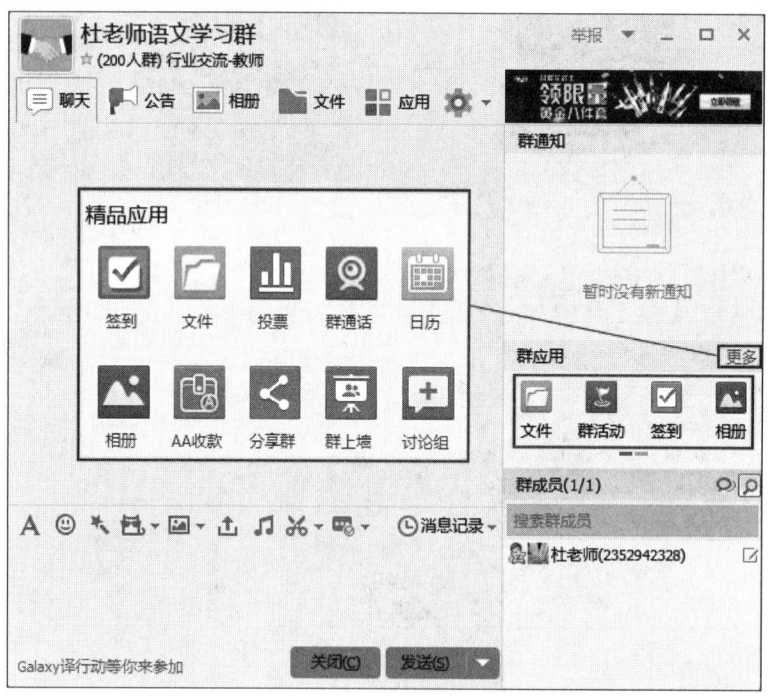

图 4-3　QQ 群应用

活动 2　使用微信进行学习交流

2011 年，腾讯公司推出一个为智能终端提供即时通信服务的免费应用程序——微信，它支持跨通信运营商、跨操作系统平台通过网络快速发送免费（需消耗少量网络流量）语音短信、视频、图片和文字，同时，也可以使用通过共享流媒体内容的资料和基于位置的社交插件"摇一摇""漂流瓶""朋友圈""公众平台""语音记事本"等服务插件。截至目前，微信活跃用户量已 6.5 亿，是亚洲地区最大用户群体的移动即时通信软件。

1. 注册

微信主要用于智能手机，支持 Android、iOS、WP 等系统，用户可以从 Android Market、App Store 免费下载。新用户需要通过手机号注册，如图 4-4 所示。注册成功后，直接登录。

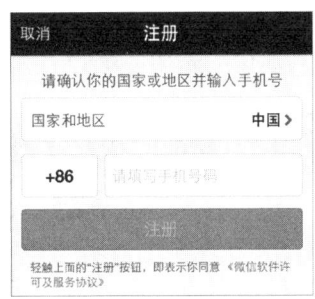

图 4-4　注册微信

2. 添加朋友

登录微信后，系统会询问是否打开通讯录匹配，如果通讯录里有人用手机号当微信号就可以添加了。或者在"通讯录"中，点击右上角的"添加好友"，通过雷达加朋友、扫一扫、QQ/手机联系人等方式添加好友，如图 4-5 所示。

图 4-5　添加朋友

雷达加朋友,是指在一定区域内只要有人同时打开这个功能,雷达便会显示出对方。扫一扫,是指通过扫描对方的微信二维码添加好友,如图 4-6 所示。

图 4-6　雷达加朋友、扫一扫、QQ/手机联系人

微信二维码,在"我"中,点击"我的二维码",便能显示,如图 4-7 所示。

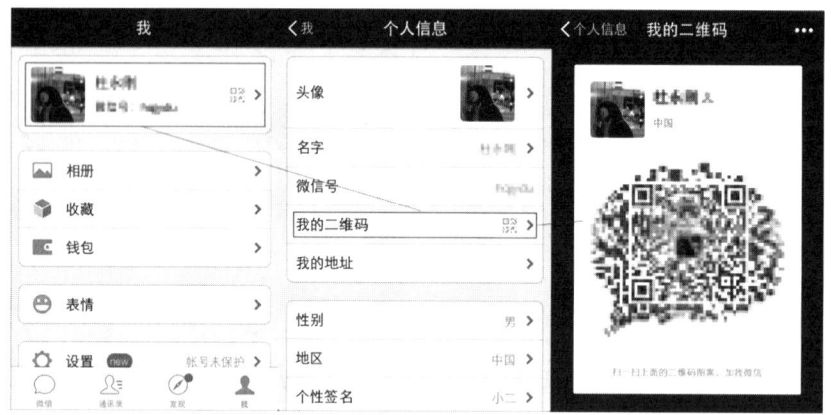

图 4-7　微信二维码

3. 朋友圈的发布与管理

在"发现"页面的第一个按钮"朋友圈"中,可以看到好友分享的消息或转发的公众号消息,消息按时间倒序排列。

如果需要发送消息,在"朋友圈"中点击右上角的照相机按钮(长按可发纯文字内容),就可以拍摄小视频、拍照或选择相册里的照片上传,还可以添加文本内容、设置可见范围、提醒某个好友观看、加入当前位置等,如图 4-8 所示。编辑完成后,点击"发送"即可显示在朋友圈中。

在"朋友圈"中点击自己的头像,可以进入"相册",查看自己发布的全部消息,消息按时间倒序排列。点击"相册"页右上角的"…",再点击弹出的"消息列表",可以查看参与过的评论,评论按时间倒序排列,如图 4-9 所示。

4. 建立微信群

微信可以很方便地建群，在"微信"，点击右上角的加号，选择"发起群聊"，就可以在联系人里面勾选要群聊的人了。之后发送的信息都会推送到每个人的微信上，类似于 QQ 的临时会话群。还可以选择"面对面建群"，只需要和身边的人输入同样的四个数字，便可以进入同一个群聊，如图 4-10 所示。

图 4-8　在朋友圈中发送消息

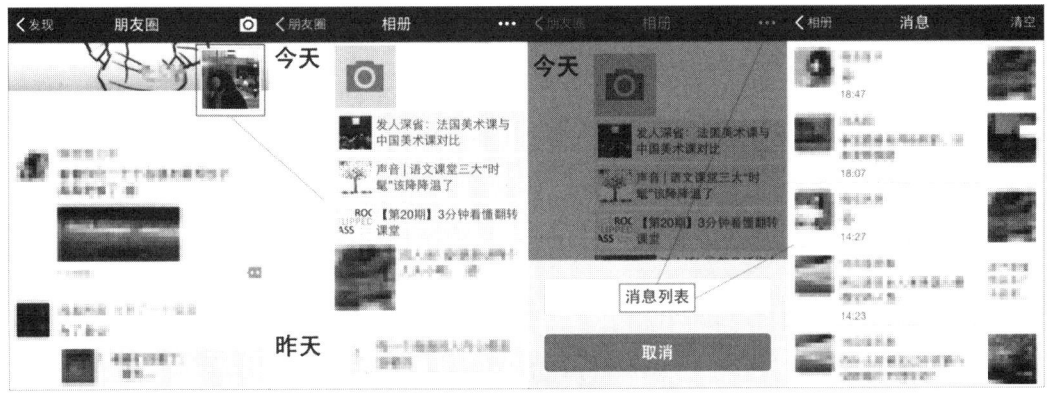

图 4-9　管理发送的消息和评论

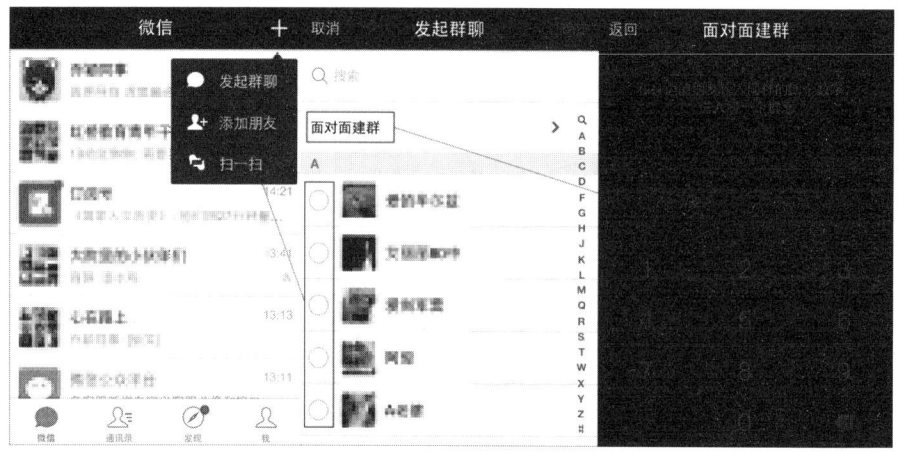

图 4-10 发起群聊、面对面建群

活动 3　在 WPS 中建立协作圈子

组长点击"我的圈子",新建属于自己的协作小组,如图 4-11 所示。

图 4-11　"新建圈子"对话框

进入圈子后,点击"成员",再点击"添加成员",将弹出的邀请链接和密码通知给组内其他成员,如图 4-12 所示。

其他成员在浏览器中输入链接和密码就可以加入这个小组了,如图 4-13 所示。

小组成员进入圈子,点击"上传文件",把自己的作文上传到圈子中,如图 4-14 所示。

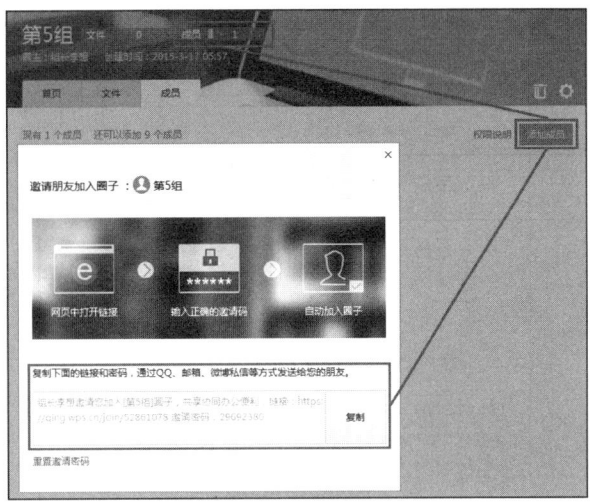

图 4-12　添加成员

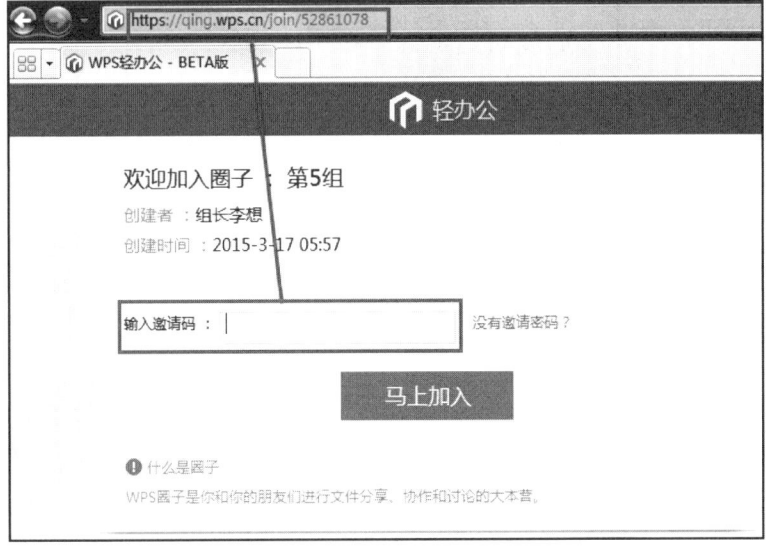

图 4-13　小组其他成员加入圈子

图 4-14　将作文上传到圈子中

上传完成之后，圈子中会列出每一位成员的作文，如图 4-15 所示。

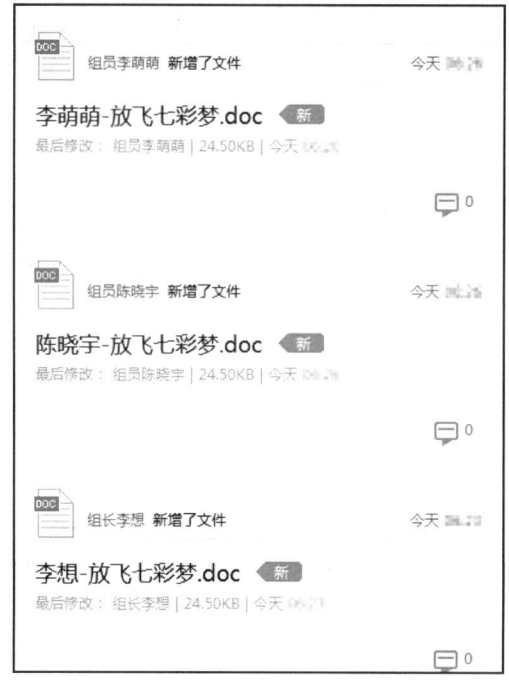

图 4-15　所有成员的作文均已上传

活动 4　使用 OneNote 共享学习

1. 初识 OneNote

OneNote 是一种电子笔记本，它为教师和学生提供了一个收集笔记和信息的位置，并提供了强大的搜索功能和易用的共享笔记本：搜索功能可以迅速找到所需内容，共享笔记本使用户可以更加有效地管理信息和协同工作。它提供一种灵活的方式，将文本、图片、数字手写墨迹、录音和录像等信息全部收集并组织到计算机上的一个数字笔记本中。最新的 OneNote 2013 与云完全集成，如图 4-16 所示。意味着不必将文件存储在计算机的硬盘中，不管身居何处，都可以保存和搜索笔记与信息，而且几乎在任何移动设备、平板电脑或浏览器上都可以执行此操作。

图 4-16　OneNote 2013 云集成

在 OneNote 中，可以轻松地将文件保存到自己的 OneDrive 账户或组织的网站中，这就是 OneNote 的云。每当联机时，就可以访问云。在这些位置，可以方便地查看、编辑、同步和共享笔记，甚至可与同事或同学针对相同的笔记同时进行协作，如图 4-17 所示。

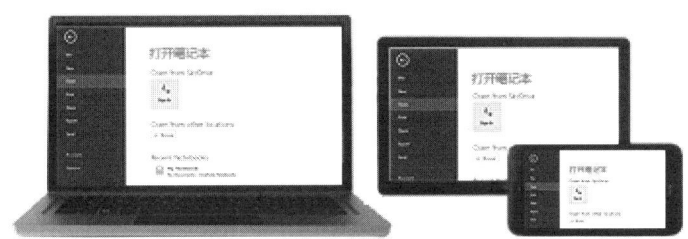

图 4-17　OneNote 2013 协同工作

在云中存储笔记本时，可以无缝访问和使用关注的信息，并使其在所有设备（包括 Windows 计算机、Windows Phone、iPhone、iPad、Android 和 Symbian 设备）上的 OneNote 应用程序之间保持同步。还可以在几乎所有浏览器中使用免费的 Office Web App。如果有一台 Windows 8 平板电脑或 Slate PC，OneNote 还可以支持触摸操作。

2. 注册 OneNote 账号并登录

OneNote 存储可以存放在云上，可以在有网络的地方随时随地的编辑使用，要实现此功能，必须先到微软的网站注册一个账号，特别注意的是"用户名"就是平时登录的名称，其默认为邮件地址，并且默认后缀为"outlook.com"或者"Hotmail.com"，可以不使用默认项，点击"或者使用你喜爱的电子邮件"来自己选择邮箱地址，如图 4-18 所示。

图 4-18　注册 OneNote 账号

如果安装了 Office 2007 及更高版本，OneNote 是默认和 Office 一起安装的，如果没有安装 Office，也可以从网上下载一个独立的 OneNote 安装包进行安装，建议安装最新版本 OneNote 2013。

运行 OneNote 2013，如果是第一次使用 OneNote 将直接进入登录界面，如果已经登录过了，进入界面后，点击右上角的登录进行登录操作。

显示登录界面，输入注册好的用户名及邮箱地址，点击下一步，进入用户账号选择界面，选择"Microsoft 账号"，进入用户登录界面，输入用户密码，点击"登录"进行登录，如图 4-19 所示。

图 4-19　登录界面

3. 创建笔记本

（1）新建笔记本

进入 OneNote 后可以新建自己的笔记本了，点击左上角"文件"，选择"新建"。新建的时候可以把要设置的笔记本存放在 OneDrive（就是云服务）上的，在笔记本名称里面输入一个名称，点击"创建笔记本"，即可创建成功，如图 4-20 所示，这样新建的笔记本可以通过微软的"云服务"进行共享。然后可以在新建的笔记本上开始编写笔记了，可以把英语课件、导学案、英语教研、听课记录、思维导图和作业分析等都写入这里。

图 4-20　新建笔记本

创建完后，进入笔记本界面如图 4-21 所示。

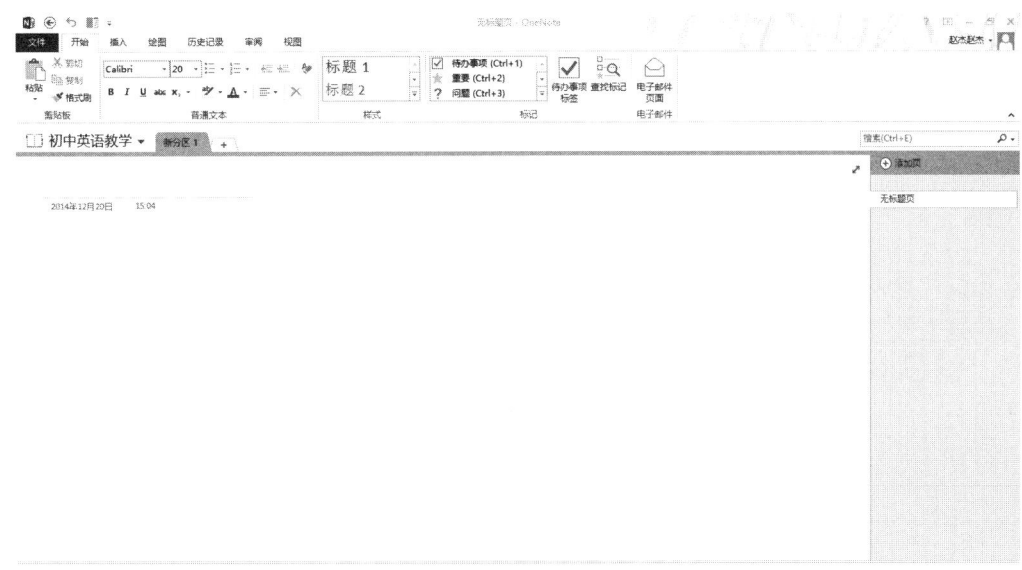

图 4-21 新建笔记本的界面

（2）创建分区和添加页

当创建完属于自己的笔记本后，在"新分区 1"中可以输入相应的分区内容，例如输入"英语课件"，如图 4-22 所示。

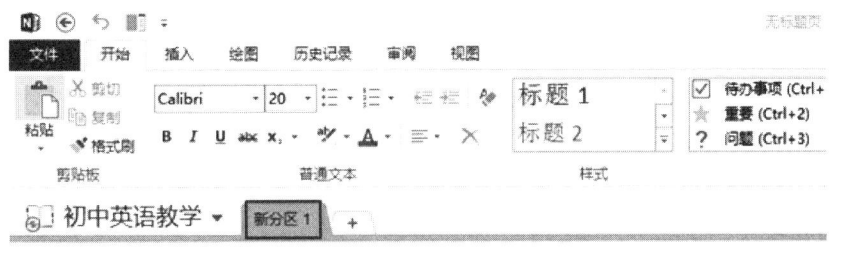

图 4-22 创建分区

在一个分区卡中，通常会记录不同的内容。所以需要在分区卡中创建添加页。例如，在公开课的分区中添加页的话，就点击左边带有"添加页"的那个项，然后就会出现"无标题页"，可以通过右键菜单选择"重命名"来修改相应名称，如图 4-23 所示。

图 4-23　创建添加页

（3）在创建好的页面插入内容

OneNote 的编辑和操作和 Word 的操作基本一样，这里可以插入各种 Office 支持的文件，当创建好相应的页面后，点击主菜单上的"插入"项可以向里面插入我们所需要的放置的内容。例如，要在新建页里插入一个 Word 文档，可以选择"插入"里面的"文件打印样式"进行插入文档，如图 4-24 所示。

在插入图片的功能中，OneNote 还提供了一个屏幕剪辑功能，这个和 QQ 的屏幕剪辑功能在使用上类似。屏幕剪辑可以捕获屏幕上的任意内容以便保存为笔记本的一部分。单击"插入"，点击"屏幕剪辑"，如图 4-25 所示。当屏幕变暗且 OneNote 消失时，拖动想要捕获的区域。当松开鼠标按钮时，所选的屏幕区域的图片将被发送到 OneNote，还可以移动或调整大小，以便让截取适合的区域在笔记本上呈现。

OneNote 还有一种是特有的屏幕编辑形式就是"发送至 OneNote"工具，在键盘上，长按 Windows 键，然后按 N 键以启动重新设计的"发送至 OneNote"工具，如图 4-26 所示。该工具使得从其他程序或文件中导入随机信息到笔记本中比以往更容易。

模块 4　移动互联技术支持下的交流与协作

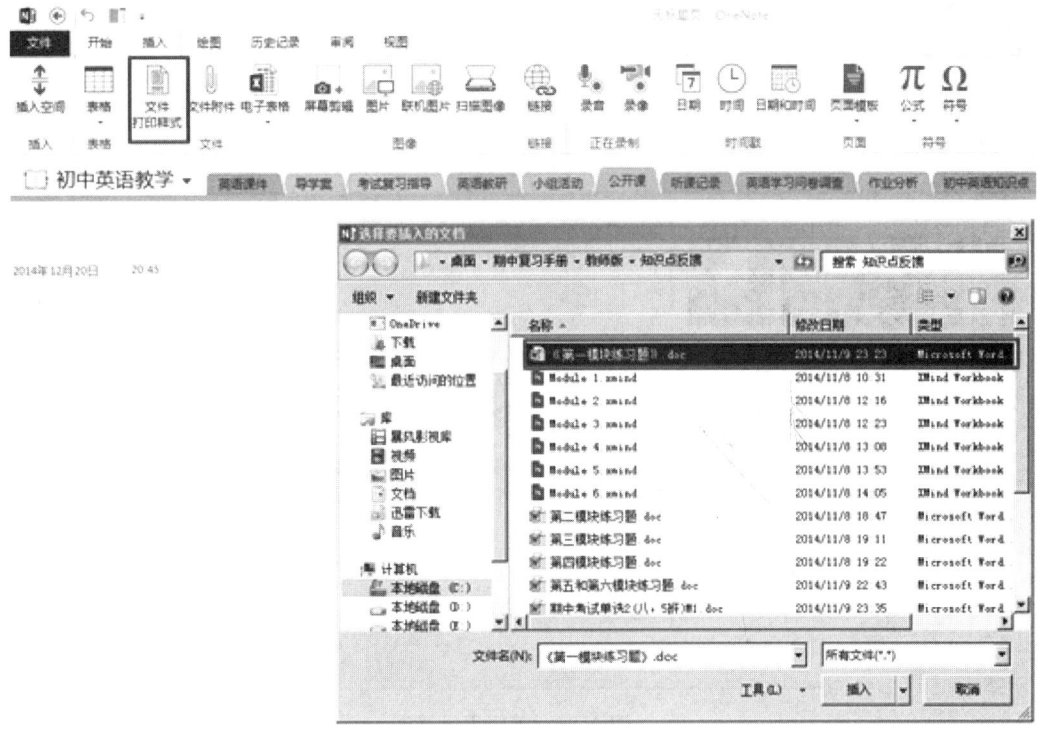

图 4-24　插入文本

图 4-25　屏幕剪辑

图 4-26　发送至 OneNote

这样一来，就无需在应用程序间切换即可创建屏幕剪辑，导入整个 Web 页面或文件到笔记本中，或者创建可以自动变成笔记本一部分的快速即时贴。例如，要把思维导图里一个图片剪辑到笔记本的指定区域中，用"发送至 OneNote"工具来实现，如图 4-27、图 4-28 所示。

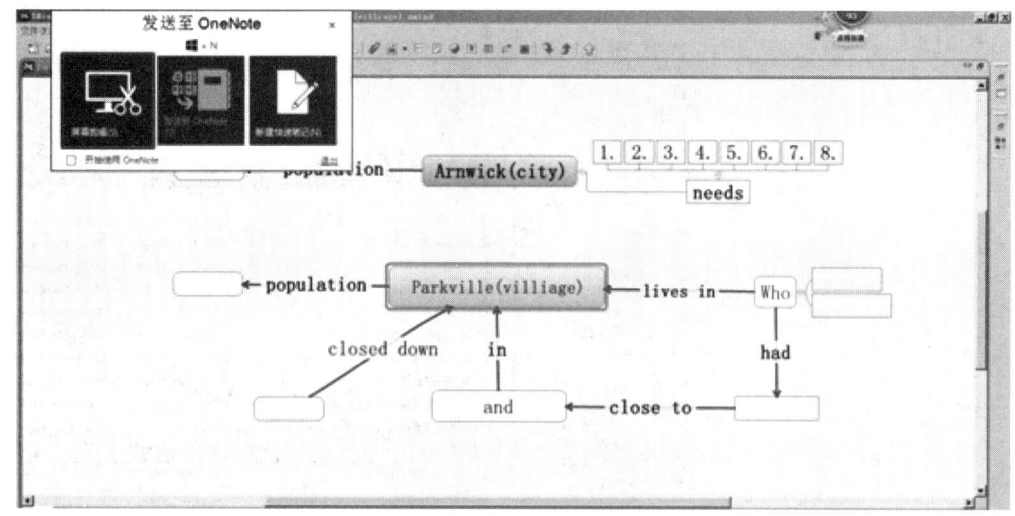

图 4-27　剪辑思维导图

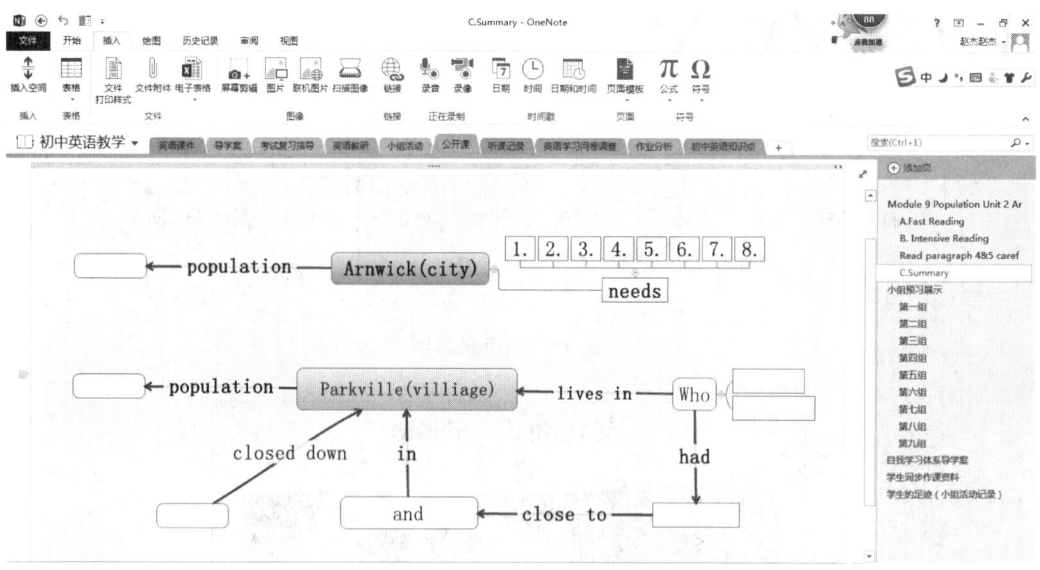

图 4-28　粘贴到 OneNote 的页面上

（4）创建链接

OneNote 2013 中的链接笔记功能允许将网址、Word 文档、PowerPoint 演示文稿和在线视频等创建为链接内容。例如，对当前页里的"不定代词解析"和在线的微课视频进行链接，先选定页面里的"不定代词解析"然后选定"文件"中的"链接"，把有关不定代词视频的网址输入到地址框里就创建了一个视频链接。"不定代词"的字体会随着变成蓝色字体而且自动带有下划线，点击后就可以看到相应的视频，如图 4-29 所示。

图 4-29　创建链接

4. 利用 OneNote 进行录音

单击"插入"选项卡标签，点击"录音"按钮（图 4-30），开始录音，单击"停止"（图 4-31），即完成录音。

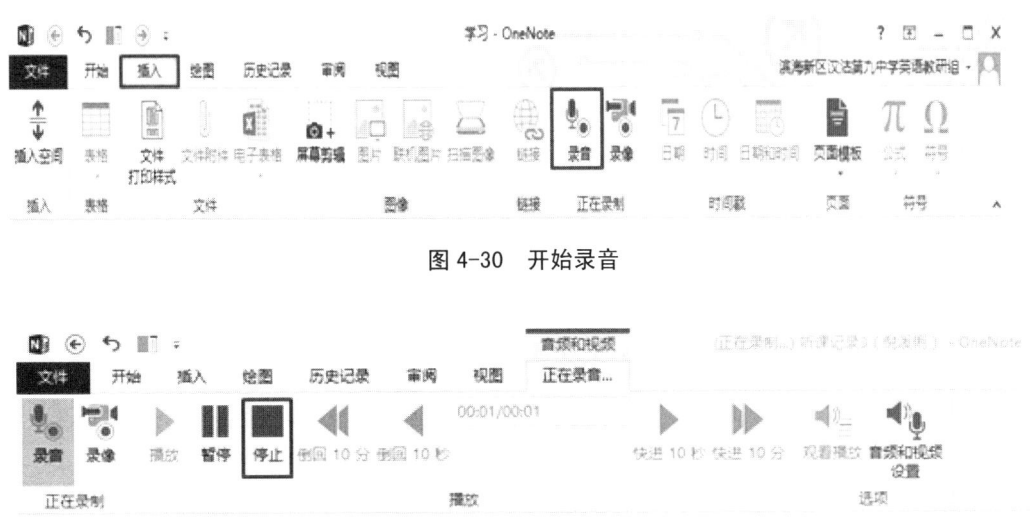

图 4-30　开始录音

图 4-31　停止录音

5. 笔记本加密

在目标分区上单击鼠标右键，选择"使用密码保护此分区"，如图 4-32 所示。

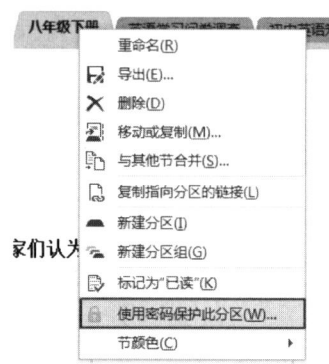

图 4-32　笔记本加密

在笔记本右侧打开的"密码保护"格窗中单击"设置密码"，如图 4-33 所示。

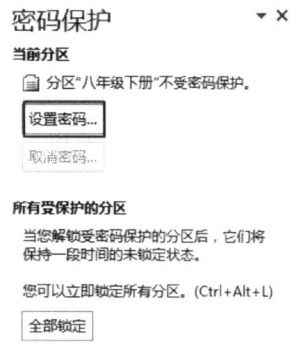

图 4-33　设置密码

此时将打开"密码保护"对话框，输入密码，如图 4-34 所示，单击"确定"关闭对话框完成设置。此分区就受到密码保护了，查看和编辑时就需要密码来解除，如图 4-35 所示。

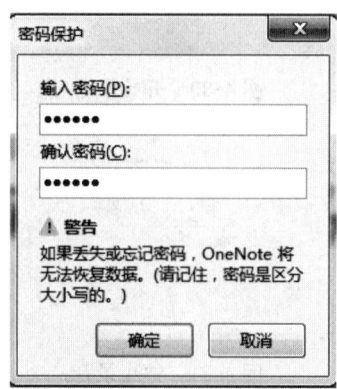

图 4-34　输入密码

模块 4　移动互联技术支持下的交流与协作　61

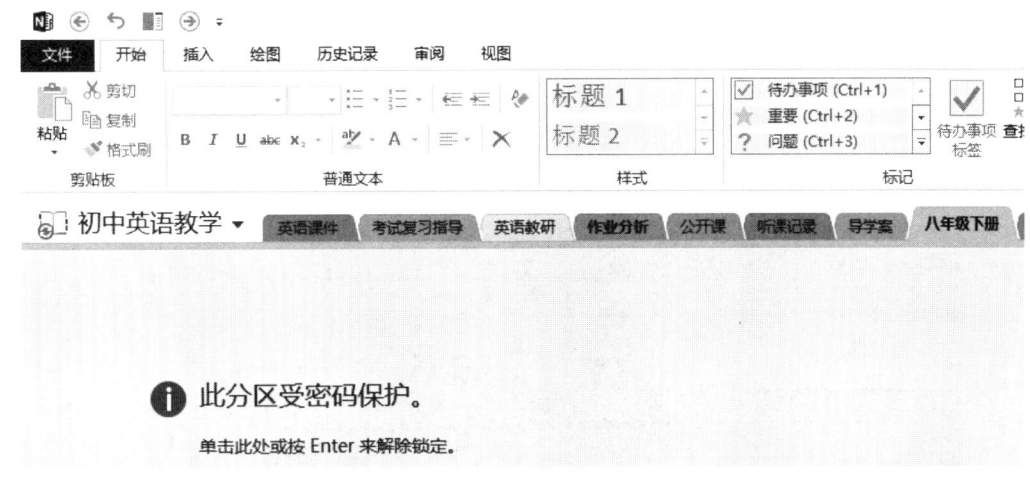

图 4-35　受密码保护的页面显示

6. 与其他的移动终端进行同步

OneNote 中笔记本的内容可以在智能手机、平板电脑等移动终端进行同步。

点击右上角的"文件",然后看到菜单自动切换到后台视图。在"信息"选项里,会看到"笔记本信息"的选项区域中,选择要进行同步的笔记本,然后选择"设置"栏里的"同步"就可以和使用同一账号的其他移动终端进行同步,如图 4-36 所示。同步之后就可以在自己的其他的移动终端看到所选的笔记本里面的内容,非常方便。

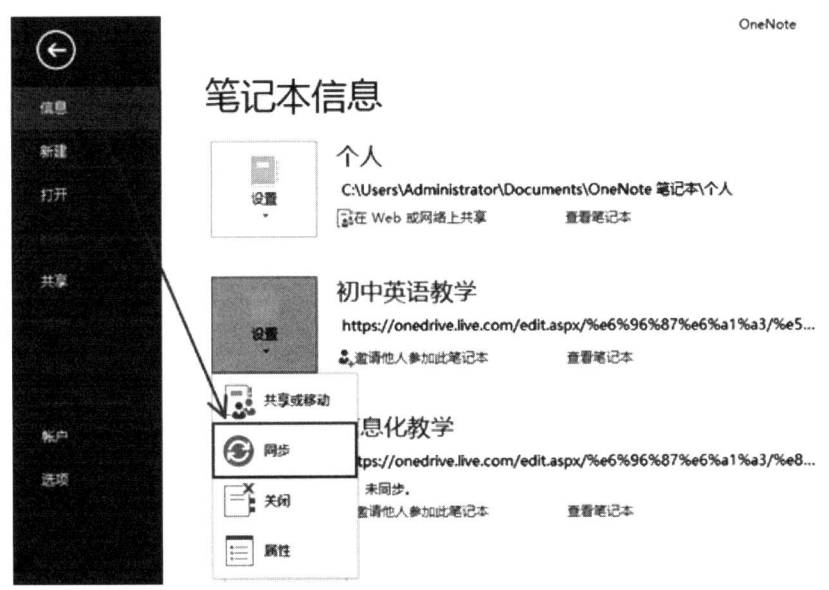

图 4-36　进行同步

以 iPad 为例,当在 iPad 的 OneNote 中直接选择"同步此笔记本",然后就可以在 iPad 上显示电脑上的笔记本的内容了,如图 4-37 所示。

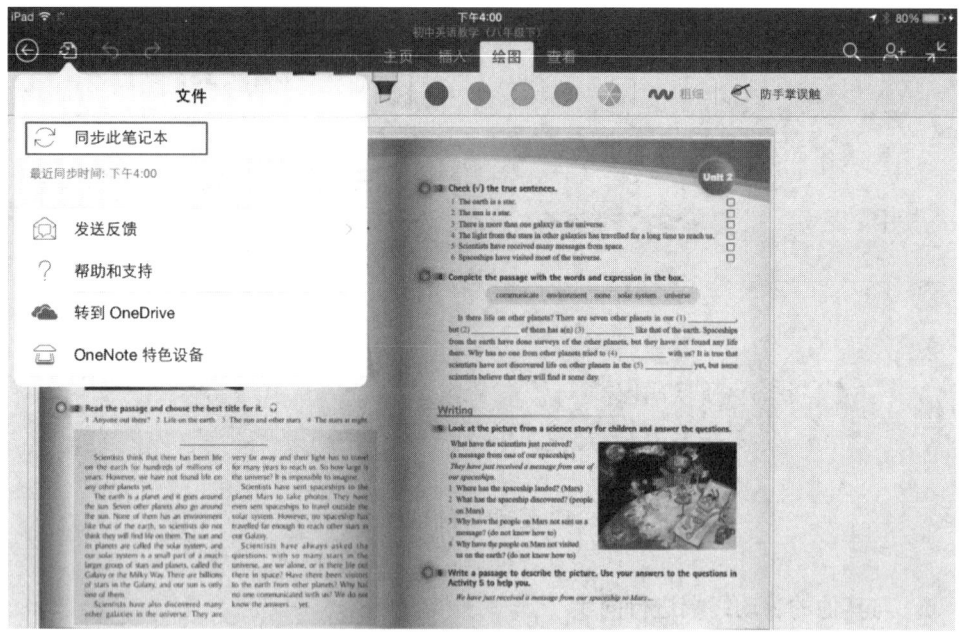

图 4-37　在 iPad 上进行同步

如果想把自己的笔记本里面的所有内容进行同步的话还可以选择点击"查看同步状态"(图 4-38),然后进行全部同步。

图 4-38　查看同步状态

这样内容就全部同步到终端了,如图 4-39 所示。

图 4-39 同步后展示

模块 5　利用移动设备管理数字化学习资源

活动 1　iMindMap 思维导图软件的使用

思维导图是表达发散性思维有效的图形思维工具，它简单却又极其有效，其运用图文并重的技巧，把各级主题的关系用相互隶属与相关的层级图表现出来，把主题关键词与图像、颜色等建立记忆链接。思维导图充分运用左右脑的机能，利用记忆、阅读、思维的规律，协助人们在科学与艺术、逻辑与想象之间平衡发展，从而开发人类大脑的无限潜能。

目前，用于绘制思维导图的软件有不少，如 xMind、iMindMap、Mindmanager、MindMapper 等，在用法上都大同小异，下面以 iMindMap 为例，简要介绍。

iMindMap 在 PC 端、平板端、手机端都开发了应用程序，用户可以用账号轻松实现同步和共享。以 iPad 上的 iMindMap 说明其用法。

1. 注册和创建文件

填入相应的信息，点击创建账号即可获得一个账号，如图 5-1 所示。

图 5-1　iMindMap 登录界面

登录之后的页面如图 5-2 所示。

点击左下角的"+"选择"Mind Map"，然后系统会跳到选择图片的页面，如图 5-3 所示。给出的是思维导图方框的基本样式，选择一个喜欢的样式即可创建一个空的思维导图文件。也可以从模版中选择模版来创建。

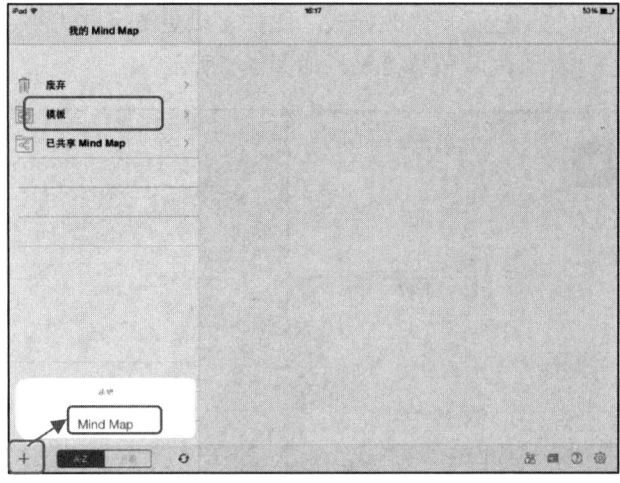

图 5-2　我的界面

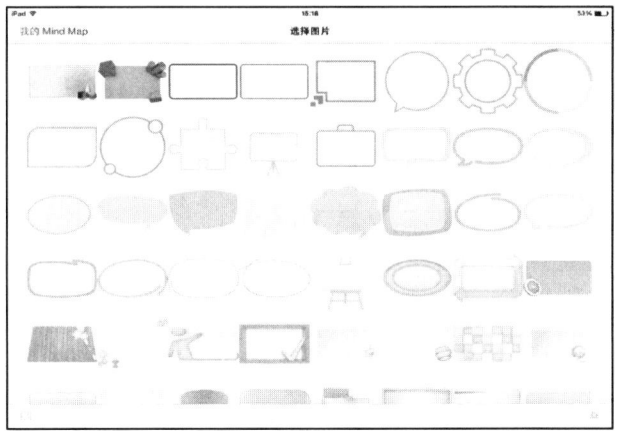

图 5-3　选择图片

2. 如何编辑和美化思维导图

首先要创建本文件的大标题（根节点），如图 5-4 所示。

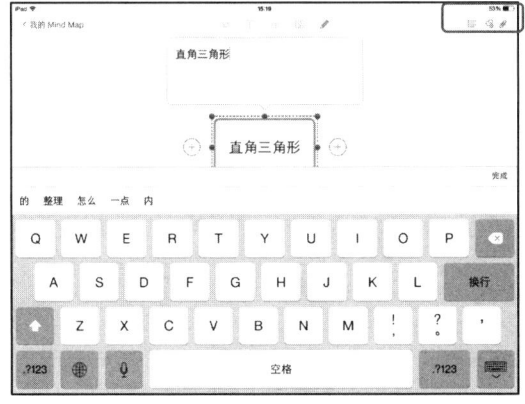

图 5-4　创建根节点

可以通过右上角的一些工具修改样式，比如可以更改字体大小、颜色，更改边框样式，为该标题添加注释、语音和链接等，如图 5-5 所示。

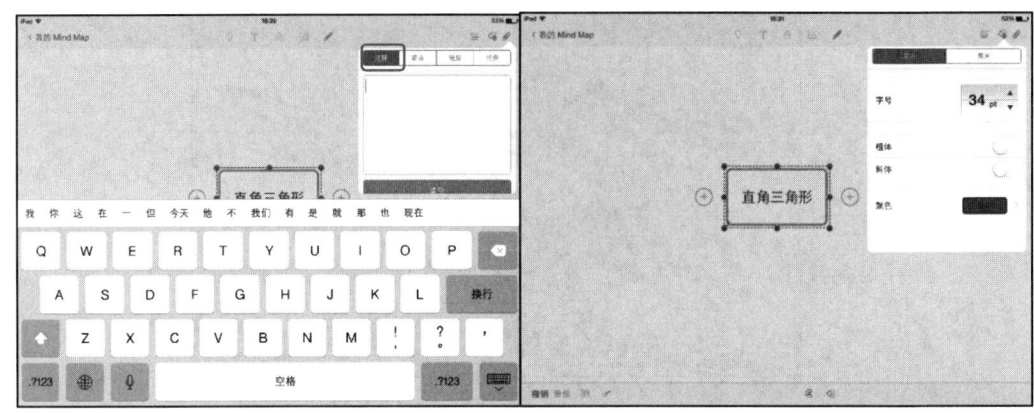

图 5-5　修改样式

点击上边的小铅笔图标，可以进入自主绘画和编辑的页面，如图 5-6 所示，在页面的顶部有一排工具，用户可以选择不同类型的笔在页面的任何位置进行绘画，也可以用橡皮擦擦除不满意的部分。点击右上角的设置图标还可以对画笔和文本进行设置，编辑好后，点击右上角的"完成"按钮即可。

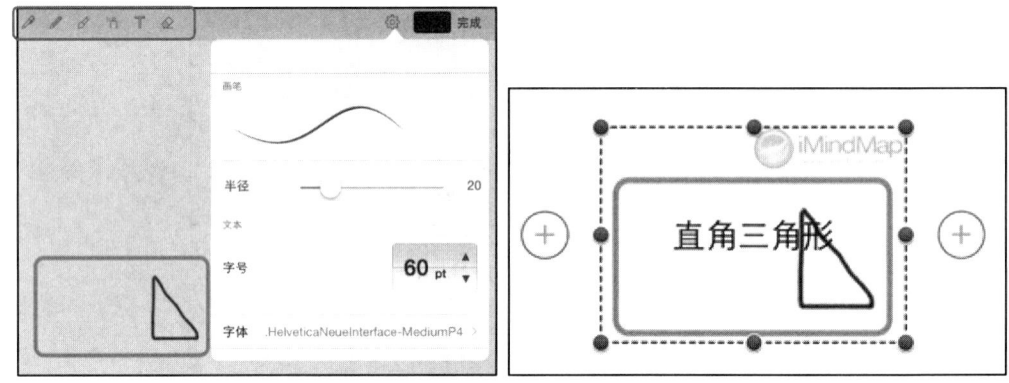

图 5-6　绘图与编辑

接下来，选中主标题（根节点）的方框，然后任意点击左右两端的"+"添加分支，点击"+"后出现如图 5-7 左边所示的页面，分别点击第一个第二个图标，出现如图 5-7 右边所示的页面。

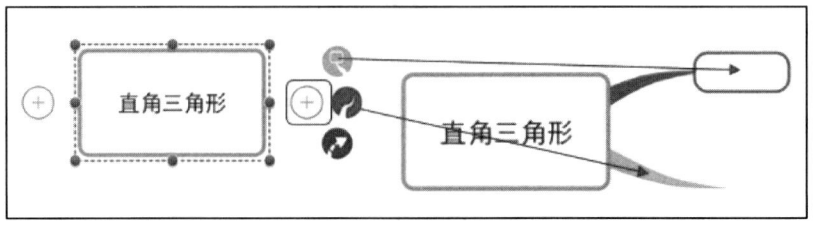

图 5-7　添加分支

如果想修改标题中的文字，双击标题所在方框即可。如果想对某个分支进行修改，选中该分支，按住中间那个图标可以进行拖动，点击分支上的小点后有拷贝，删除等选项，如图 5-8 所示。

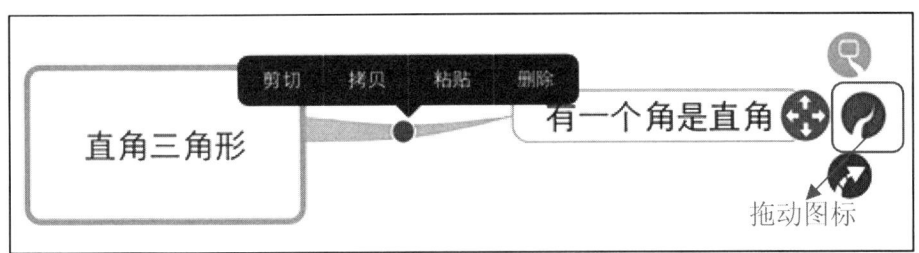

图 5-8　修改分支

此时，点击页面上方的图片按钮，可以在标题上添加一些系统内置的小图片，如图 5-9 所示。

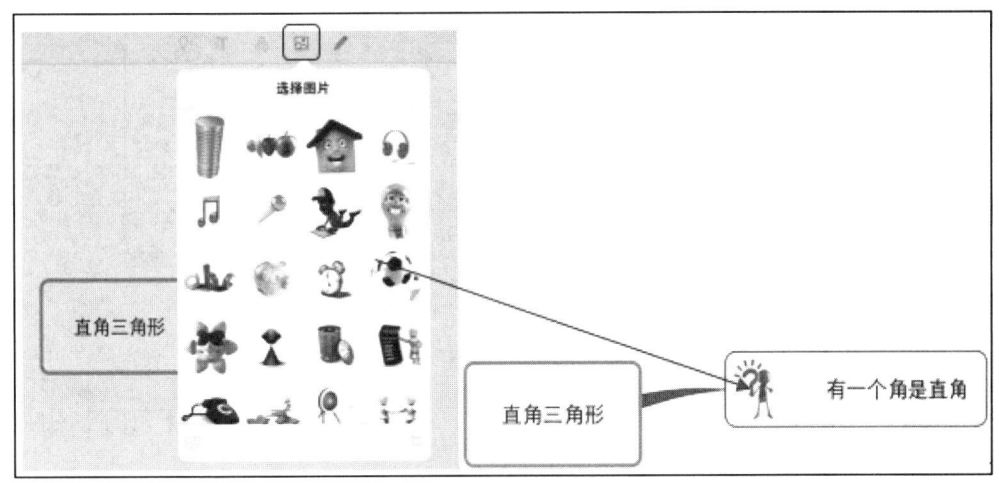

图 5-9　添加图片

还可以通过右上角的图标对分支进行一些标注和美化，如图 5-10 所示。

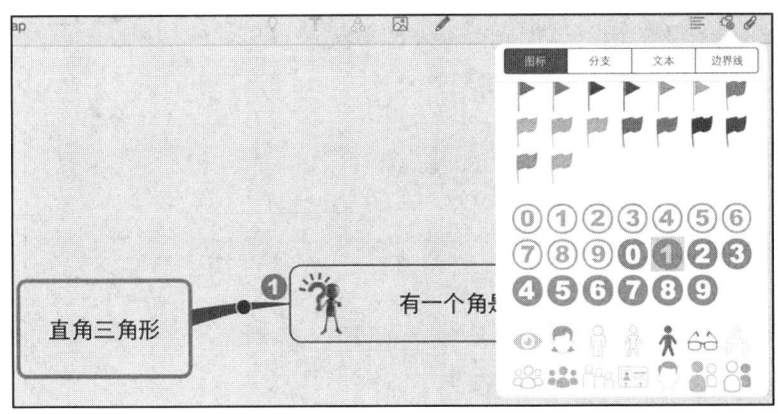

（a）

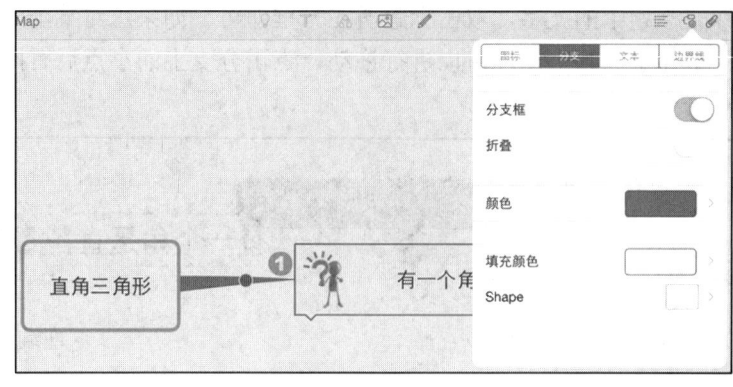

（b）

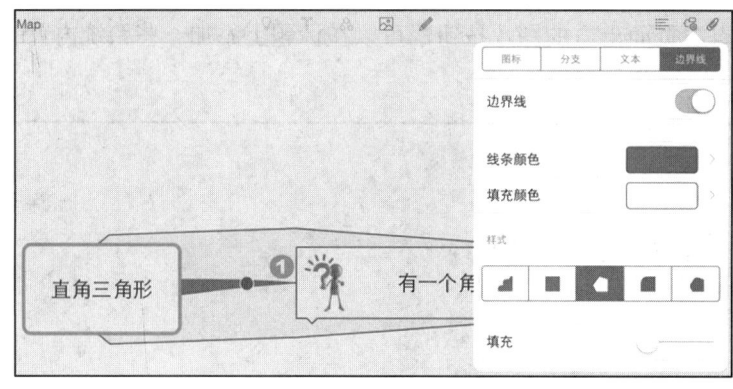

（c）

图 5-10　标注和美化

对于分支，可以选择手绘的方式，如图 5-11 所示在页面中点击左下角的小图标可进行选择，有"有机化"和"手绘"两个选项。

图 5-11　手绘方式选择

活动 2　百度云盘的使用

1. 注册

首先，在浏览器的网址中输入：http://yun.baidu.com/，打开百度云的官网，页面如图 5-12 所示。

图 5-12　登录界面

如果您已经有百度账号可以直接登录，如果您还没有百度账号，需要点击"立即注册百度账号"进入注册界面进行注册，如图 5-13 所示。

图 5-13　注册界面

注册完成后，会提示您到邮箱中点击链接进行确认，点击确认后，我们就可以用刚才注册的账号直接登录了。

2. 登录

输入已经注册的账号,点击"登录"进入百度云的页面,如图 5-14 所示。如果是在自己的电脑上可以选择"下次自动登录",如果是在公用电脑上就要注意别泄露了自己的隐私。

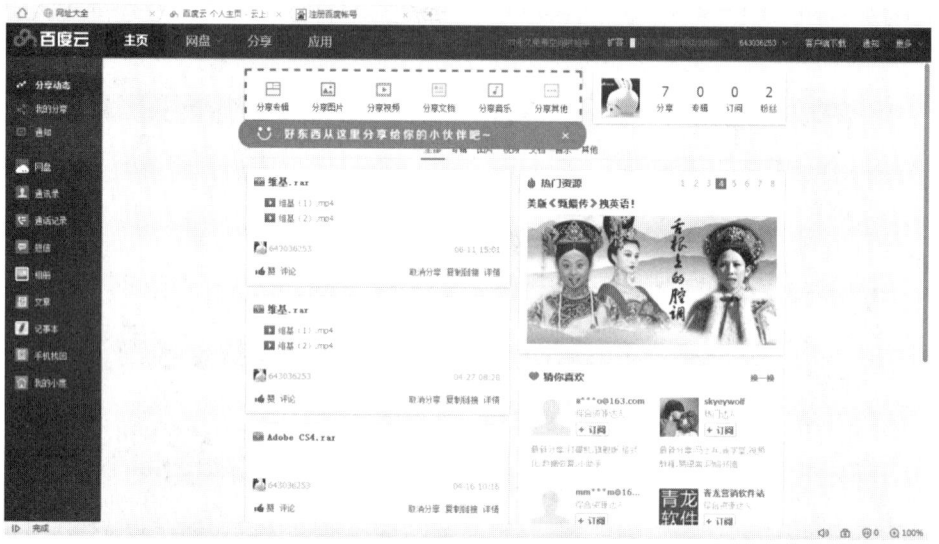

图 5-14 登录后的页面

当然,为了方便我们的使用,我们可以下载百度云的客户端,在主页右上角有一个"客户端下载"的按钮,点击进入下载页面。选择"Android"(图 5-15)或者"iPhone"(图 5-16)下载相应的百度云客户端安装在我们的手机上,如果您需要 PC 版百度云,选择"Windows"(图 5-17)点击"下载百度云管家"。

图 5-15 百度云 Android 版下载页面

当然，最方便的还是利用应用商店或者应用市场下载。打开手机的应用商店（App Store、Google Play 等，不同品牌的手机名称不同），点击搜索，输入百度云，出现搜索结果页面，如图 5-18 所示。

图 5-16　百度云 iPhone 版下载页面

图 5-17　Windows 百度云客户端下载页面

点击安装，开始下载安装包，下载完成后安装即可。

3. 上传文件

点击上传按钮，选择上传的文件类型，如图 5-19 所示。系统会自动根据文件类型展示相应的文件，选择需要上传的文件。

图 5-18　手机下载百度云

图 5-19　上传文件

点击屏幕下侧分享按钮,可以与我们的好友便捷地共享文件,如图 5-20 所示。
在传输列表中,我们可以查看下载列表、上传列表等,方便我们打开文件。如图 5-21 所示。

图 5-20　分享文件

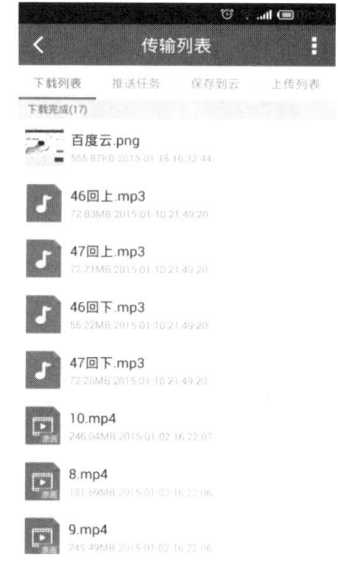
图 5-21　传输列表

4. 手机备份

点击屏幕下侧发现按钮,打开手机备份,如图 5-22 所示。

手机备份中相册备份、短信备份、文件备份、通话记录备份、通讯录备份的功能,开启后会自动备份到我们的百度云中,如图 5-23 所示。点击相册备份,可以查看已经备份的文件,选择需要自动备份的相册,设置需要备份的文件类型,还可以设置仅在 Wi-Fi

状态下自动备份，不耗费数据流量，如图 5-24 所示。

图 5-22　发现按钮

图 5-23　手机备份

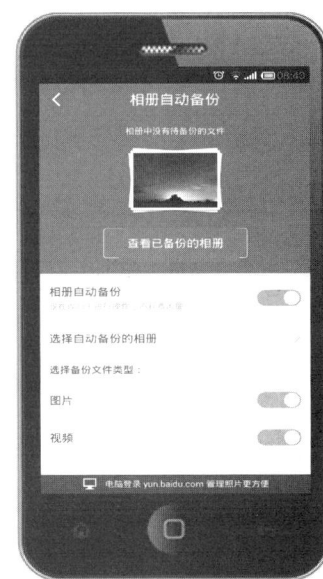
图 5-24　查看已备份的相册

5. 数据线功能

首先在电脑中打开百度云，进入电脑端的"数据线"功能，当然我们需要保证电脑和手机在同一局域网下，然后在手机端点击"探测电脑"，如图 5-25 所示。点击探测到的电脑，将手机和电脑进行连接，然后就可以传输文件了。

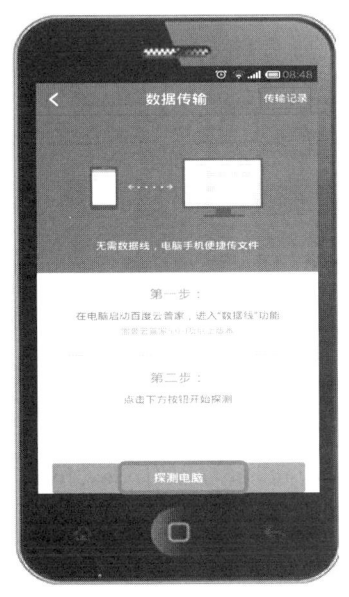

图 5-25　数据传输

模块 6 教学 APP 的制作与应用

活动 1 APP 制作工具简介

免费制作 APP 的工具有很多，我们现在简单介绍一下。

1. 简网 APP 工厂（http://www.cutt.com/app）

简网只需提供精确尺寸的图标和 APP 介绍，即可成功创建 APP（图 6-1）。

图 6-1 简网 APP

2. APPCan（http://www.appcan.cn/）

APPCan 是国内的一个移动应用开发平台，支持跨平台应用开发（图 6-2）。

3. 安米网 APPbyme（http://www.appbyme.com/mobcentACA/index.html）

APPbyme（安米网）是摩讯公司开发的一款应用生成工具。截至目前，APPbyme 已经运营 3000 款 APP，用户数量超过 800 万。目前支持的平台有 iOS 和 Android（图 6-3）。

图 6-2 APPCan 平台

图 6-3 安米网 Appbyme

4. 金和 IU APP 自助工厂（http://apm.iuoooo.com/）

金和 IUAPP 自助工厂，让所有个人乃至组织在一分钟打造 APP，并且制作、运营，永久免费（图 6-4）。

图 6-4 金和 APP 工厂

本书作者的研究团队利用金和 IU 制作的 APP "教育技术"，通过微信"扫一扫"可以关注，如图 6-5 所示。

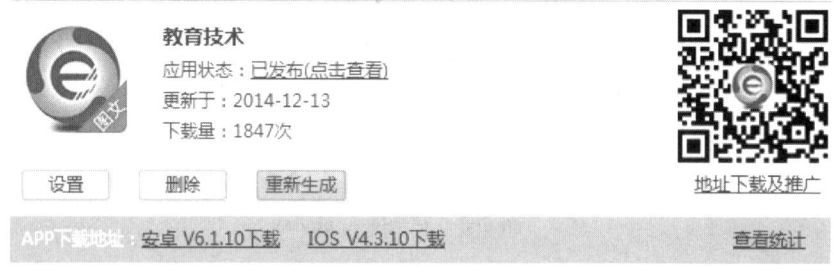

图 6-5 教育技术 APP

下载后,在移动设备端看到它的主页面,如图 6-6 所示。

学校或者是老师个人也可以做一个自己的 APP,学院的一些通知、更新的一些信息都可以通过自己做的 APP 进行推送,非常方便。

面对这么多的网址我们一一记住很难,在百度中搜索找到网址无疑又显得有些麻烦,所以我们常常将常用网址收藏,点击收藏就可以打开网址。但换了一台电脑我们的网址就又不见了,我们可以直接在浏览器中云收藏网址。例如:在搜狗浏览器中点击左上角搜狗图标登录账户,如果没有账号的话可以选择注册账户或者直接用 QQ 号登录。登录成功后,我们选择保存的书签全部会自动同步到云端。这样不论地域,只要登录这个账号就可以查看我们保存的任何书签了。也可以在百度云中收藏网址,具体操作步骤我们可以在百度中搜索"百度云网址云收藏"即可。

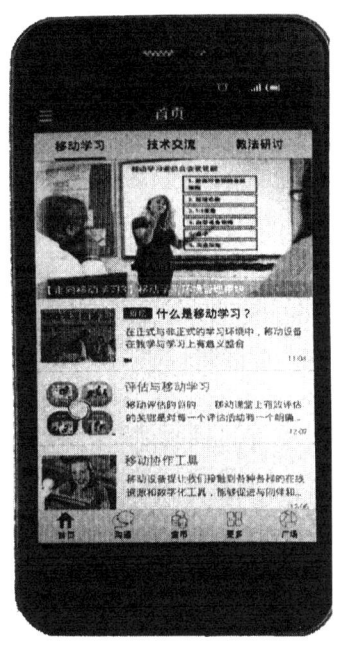

图 6-6　移动设备端

活动 2　利用金和 IU 平台制作 APP 课程

1. 注册、登录

在浏览器的网址栏输入 http://apm.iuoooo.com/，进入金和市场网页，点击"登录平台"按钮，如图 6-7 所示。

图 6-7　金和市场页面

进入金和 IU APP 自助工厂页面，如图 6-8 所示，点击"注册"进入注册页面。

图 6-8　登录界面

如图 6-9，在文本框中输入合适的账号、密码、验证码，点击"立即注册"即可。

图 6-9　注册界面

注册完成后，会提示你到邮箱中点击链接进行确认，如图 6-10 所示。

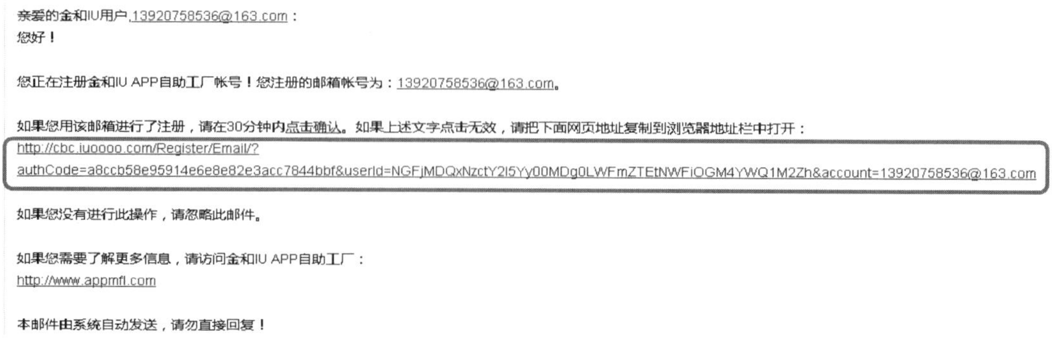

图 6-10　账号提示

点击确认后，会出现如图 6-11 所示的画面，然后用已经注册的账号在登录平台的界面直接登录即可。

图 6-11　注册成功

2．创建 APP

登录到金和 IU 主页面后，点击左侧栏的"应用管理"菜单，在右上方点击"我要制作 APP"，如图 6-12 所示。

图 6-12　个人后台界面

在弹出的对话框中我们可以选择要制作的 APP 类型，这里我们选择"多媒体应用"，如图 6-13 所示。

点击多媒体应用后，填入 APP 名称并选择 APP 图标，输入 APP 描述，如图 6-14 所示。

点击"下一步"，点击选择合适的启动图片，这里我们上传一张与主题相符的图片，如图 6-15 所示。

点击"下一步"，为你制作的 APP 选择界面皮肤，我们选择"中国红"，如图 6-16 所示。

图 6-13 选择类型对话框

图 6-14 编辑应用信息

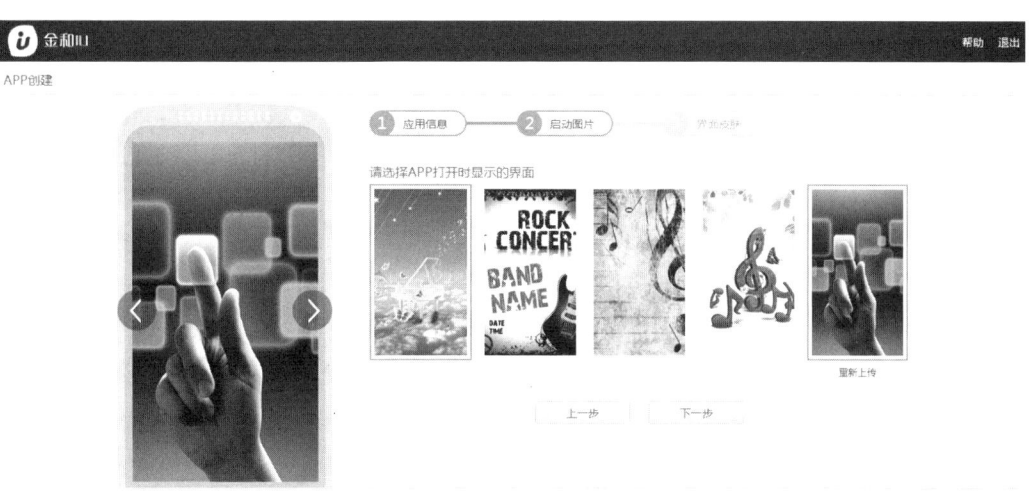

图 6-15 启动图片

图 6-16 选择界面皮肤

继续点击"下一步",生成你制作的 APP。

3. 发布内容

进入后台后,会显示如图 6-17 所示的画面,同时会生成一个二维码的标志,大家可以通过"扫一扫"下载"现代教育技术 APP"来接收它发布的内容,如图 6-17 所示。

图 6-17　个人后台界面

点击左侧菜单栏的"现代教育技术",在弹出的子菜单中选择"内容管理",如图 6-18 所示。

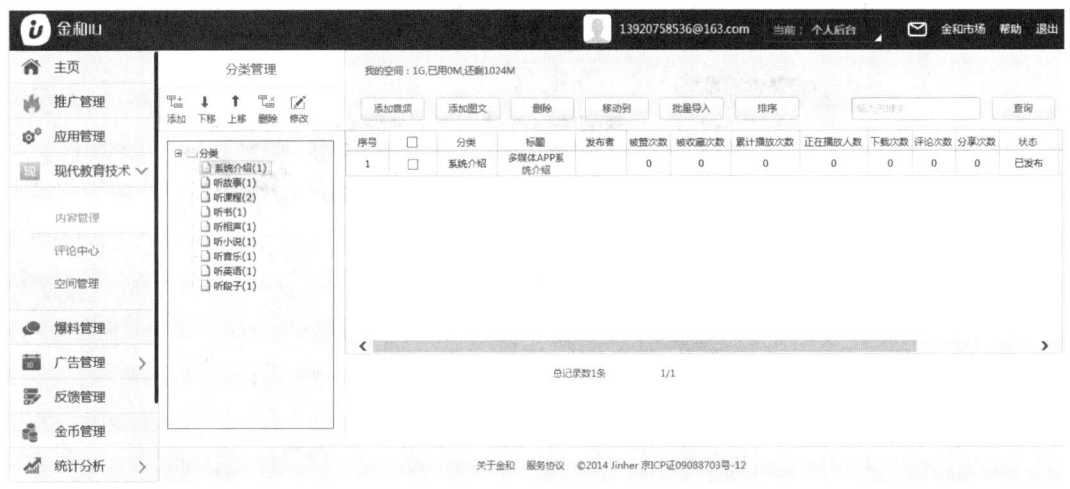

图 6-18　内容管理

可以将"分类管理菜单"中的分类改成适合自己 APP 的内容,并将不需要的子菜单删除,现在我们将第一个子菜单改为"最新资讯",选中"系统介绍",点击"分类管理菜单"中的"修改"按钮,如图 6-19 所示。

图 6-19　修改分类

点击图片,在弹出的菜单中点击"上传图片"即可,如图 6-20 所示。

图 6-20　自定义图片

点击"保存"。修改完成,会弹出如图 6-21 所示的对话框,提示修改成功,此时左侧菜单栏的第一个子菜单已经改为"最新资讯"。

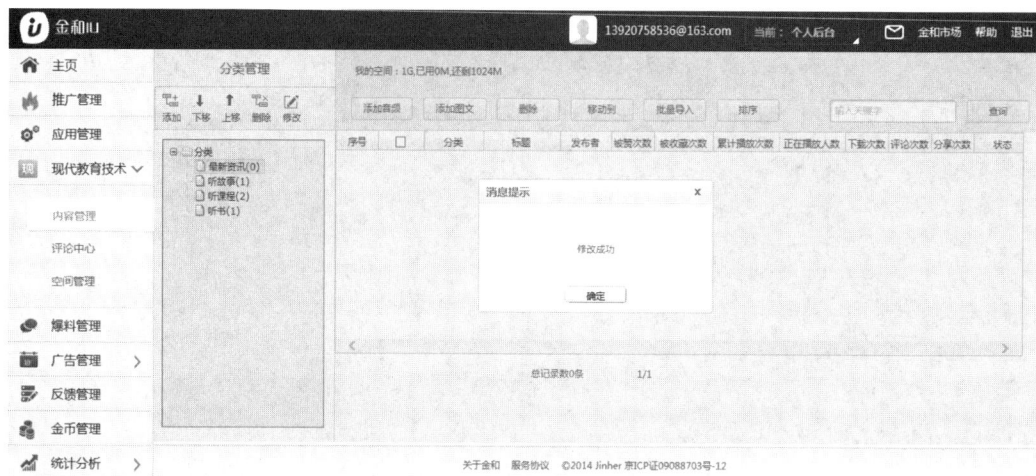

图 6-21 "修改成功"消息框

继续点击"确定"后,在右侧点击"添加图文"按钮,输入标题,上传封面图片,并编辑文字内容,如图 6-22 所示,点击"发布"即可,当然这里也可以添加音频等。

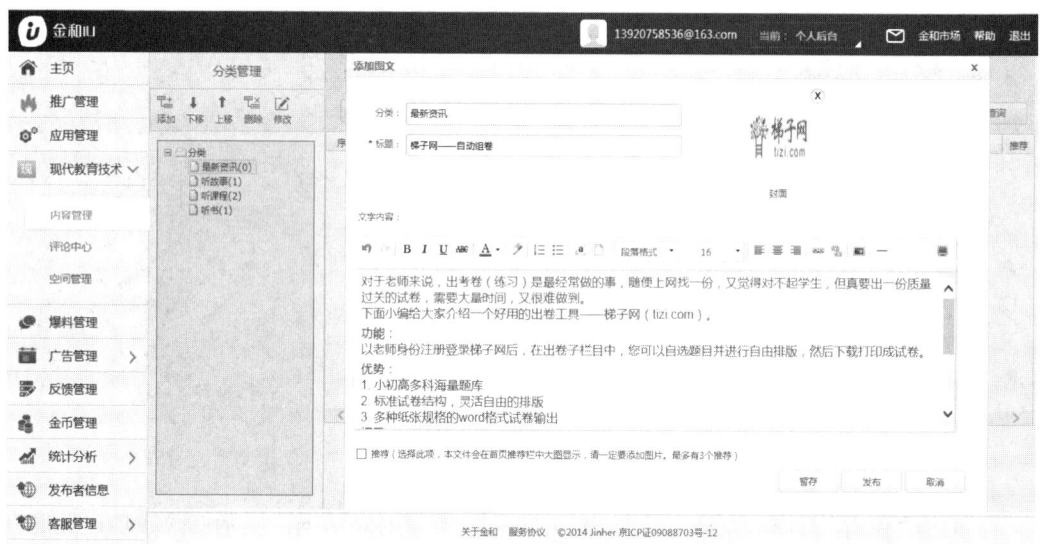

图 6-22 编辑文字内容

发布成功后,会弹出一个消息对话框,如图 6-23 所示。

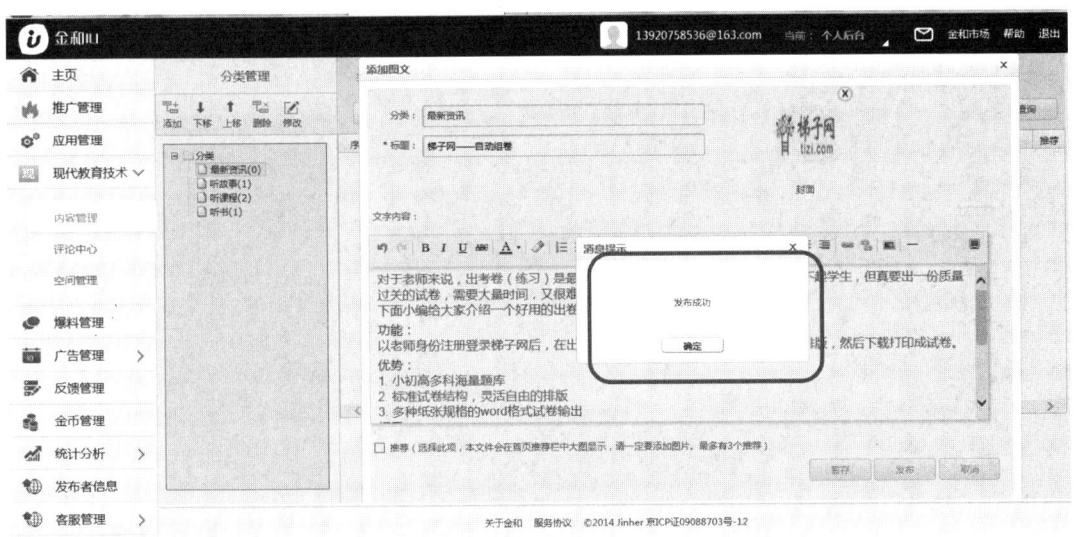

图 6-23　发布成功消息框

当一条信息发布成功后,"最新资讯"子菜单里会显示一条信息,按照同样的方法还可以发布多条内容。

同理,在分类里将剩余的子菜单分别改为"资源推荐""信息教研""技术交流"等,分别在每个子菜单里添加要推送的内容。添加完成后如图 6-24 所示。

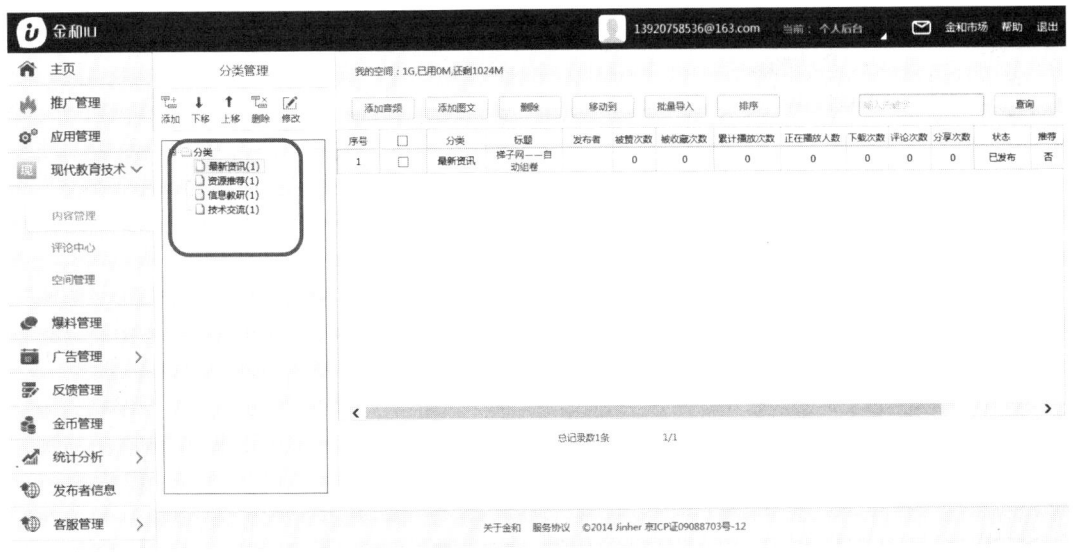

图 6-24　修改分类

4. 栏目管理

栏目管理中的"内容管理",即在添加内容时的操作,分类管理内容;"反馈管理"可以给反馈者一些回复,如图 6-25 所示。

图 6-25 反馈管理

"统计分析"功能：会实时显示用户的数量以及趋势图，能很清晰地呈现大家对它的关注度，如图 6-26 所示。

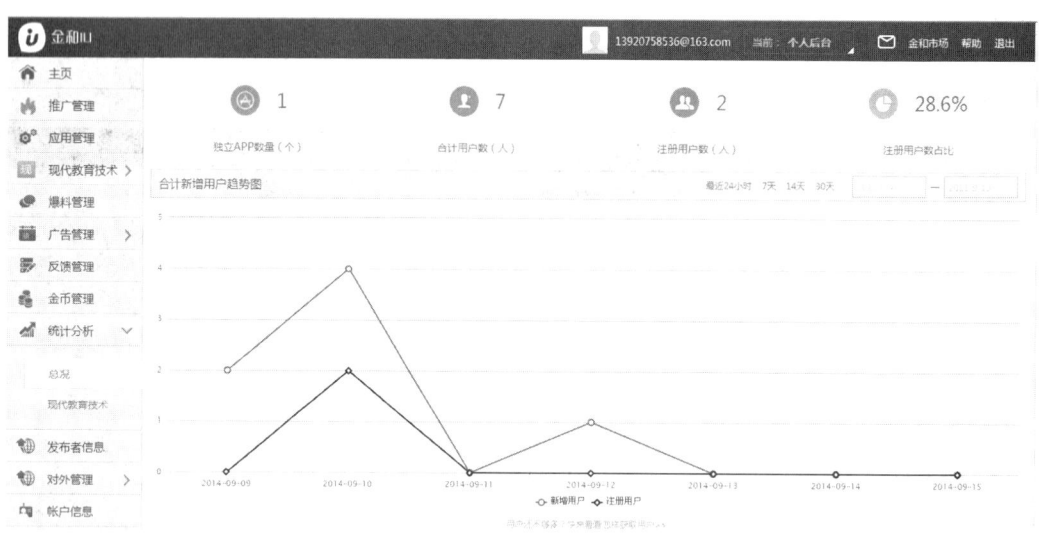

图 6-26 统计分析

活动 3　利用应用公园平台制作 APP 课程

应用公园是一个可以快速创作手机 APP 应用的免费在线平台，也是发布、下载、交流各类手机应用的互动乐园。在这里，不需要懂编程，也不需要精通 UI 设计，需要的仅仅是发挥创意。通过应用公园简单直观的操作方式，各种想法都能快速变成专属 APP。还可以将作品上架发布，让更多的用户下载应用。

应用公园制作平台特点：

（1）多种配置模式：一键模式、主题模式、自由模式（其中自由模式可以体验完全自由的创作，随心所欲地打造独一无二的应用）。

（2）Native App：源生 UI 和交互特效，打造完美用户体验。

（3）兼容主流平台：一次配置，兼容 iOS/Andriod 主流平台。

（4）多套 UI 模板：提供多套精美 UI 模板，让客户端绚丽多彩。

1. 登录、注册、创建界面

登录 http://www.apppark.cn/，即可进入应用公园网站主页面，如图 6-27 所示。

图 6-27　应用公园网站主界面

点击页面右上角"注册"按钮，如图 6-28 所示。

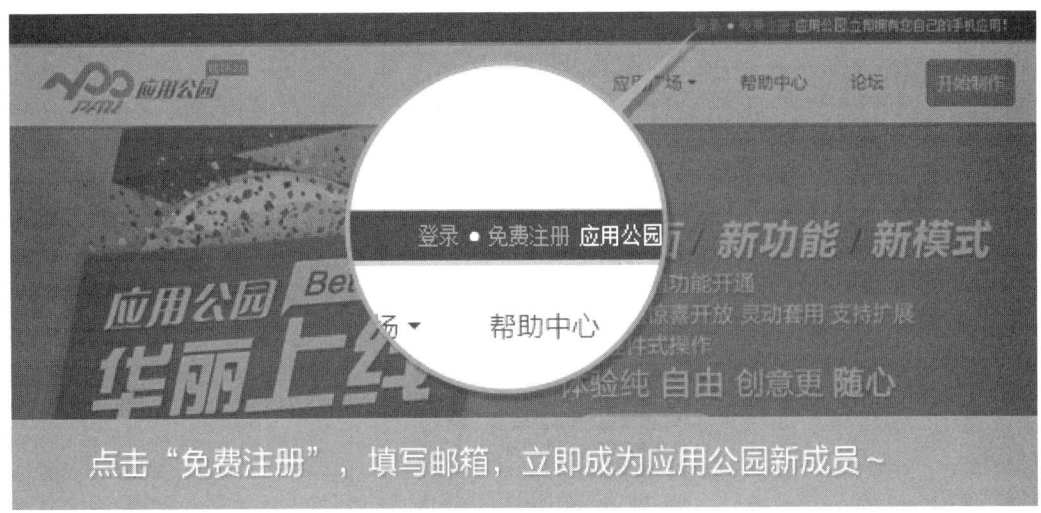

图 6-28　免费注册

填写邮箱并验证，如图 6-29 所示。

图 6-29 邮箱验证

E-mail 验证成功，设置账号的登录密码，完成注册，如图 6-30 所示。

图 6-30 设置密码

注册成功后，可立即制作自己的 APP，如图 6-31 所示。

图 6-31 注册成功

根据制作需求选择一键模式、主题模式或自由模式,开始体验 APP 创作的乐趣,如图 6-32 所示。

图 6-32 创建界面

如果选择主题模式,将会有许多模板提供使用,选择后可以立即制作,如图 6-33 所示。主题模式根据不同分类、用途预先设定了一些 APP 模板,每个模板都配置了最合适的逻辑架构和界面数量,只需寻找感兴趣的主题(图 6-34),按照提示一步步地对每一个页面进行编辑修饰便可。整个过程就像安装一个程序,通过不断地点击"下一步"就可以顺利完成。

图 6-33 主题模式

图 6-34 选择主题

2. 制作 APP

下面重点介绍功能最为强大的"自由模式"。

自由模式能完全随心所欲地自定义创建每一个模块和细节,包括基本信息、逻辑框架、模板选择、页面布局等。最关键的是,它还向前兼容一键模式和主题模式。也就是说,在前两个模式中做好的 APP,能直接在自由模式中升级改造而不需从头再来。而从现场展示的案例来看,在自由模式下制作的 APP 不论从页面呈现还是技术功能上,都已能与专业开发者的作品相媲美。

(1) 操作界面

设置完基本信息后进入操作界面,将出现顶部标题功能栏,左侧页面管理面板,中部模拟器和右侧控件属性面板四个版块。

(2) 页面管理面板

操作界面左侧的版块为 APP 页面管理面板,新建的 APP 页面及页面分组都会出现在本面板,可在此对它们进行管理,如图 6-35 所示。

图 6-35 页面管理面板

（3）中部模拟器面板

操作界面中部的模拟器用于设计 APP 的每个页面及功能，模拟显示每个页面效果，与手机中实际效果基本一致，方便您对 APP 各个页面做出调整修改，如图 6-36 所示。

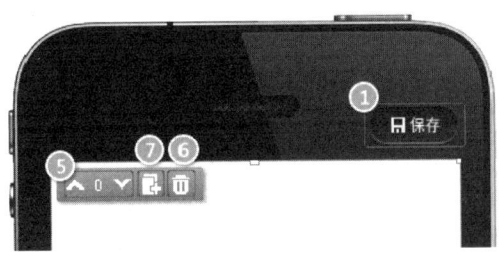

图 6-36　中部模拟器面板

（4）控件及属性面板

操作界面的右侧是控件及属性面板，控件栏中包含各种功能控件，可拖拽至模拟器中制作 APP 的各个页面。页面及控件属性栏，用于编辑各个页面及控件的属性信息和具体内容，如图 6-37 所示。

图 6-37　属性面板

进入自由模式后，点击"立即制作"，出现"基本设置"界面，首先在"应用名称"里为自己设计的 APP 起个名字，然后依次上传图标（注意红字的提示），最后上传一个启动页的图片，用户每次打开 APP 时都会先出现这个启动页的图片。当一切设置完毕之后，最后点击"保存"，如图 6-38 所示。

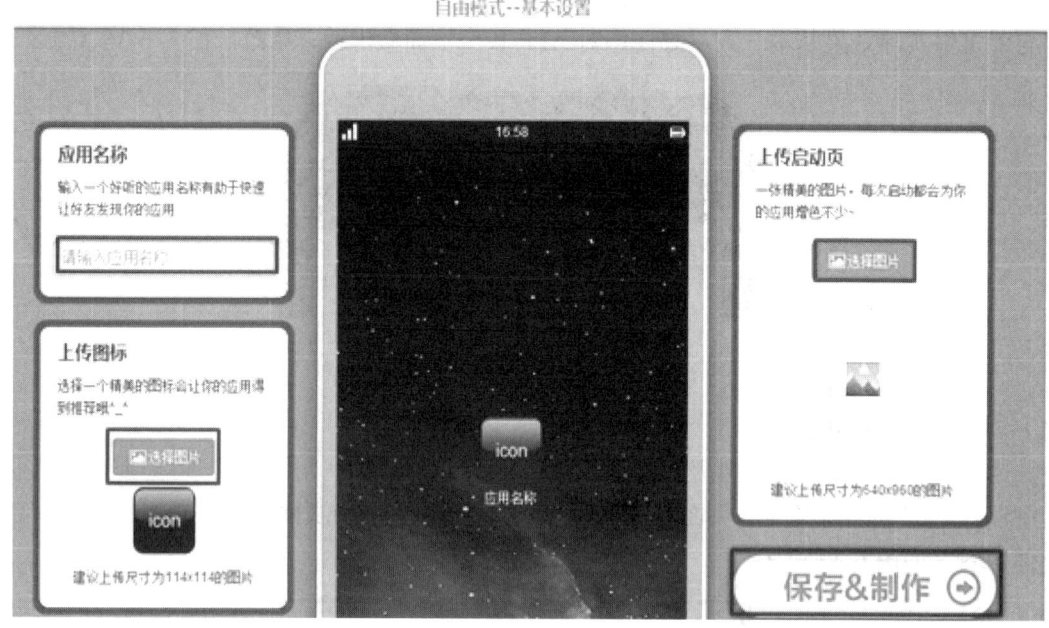

图 6-38 基本设置

接下来就会出现制作界面,如图 6-39 所示。

图 6-39 制作界面

建立主菜单,在"中部模拟器面板"的右侧有"模板大厅",进入"模板大厅",如图 6-40 所示。

图 6-40　模板大厅

选择适合自己的模板。例如选择一个"暗黑黄蜂"的模板作为主界面后,点击"已收藏",如图 6-41 所示。

图 6-41　模板收藏

当点击"已收藏"后，所选的模板会自动进入"右侧控件及属性面板"的"我的模板"中，然后将所选的模板就可以直接拖进"中部模拟器面板"的模拟显示屏中即可，如图 6-42 所示。

图 6-42　进入已收藏的模板界面

设计完界面后，开始设计 APP 里的内容。可使用页面分组将页面归类便于管理（注意：页面分组与页面实际关系无关联）。当建立每个页面分组后，就可以在新建组里面建立新建页面。例如，在建完"电子书"这个页面分组后我们可以在这个页面分组里建立若干个新建页面，如图 6-43 所示。

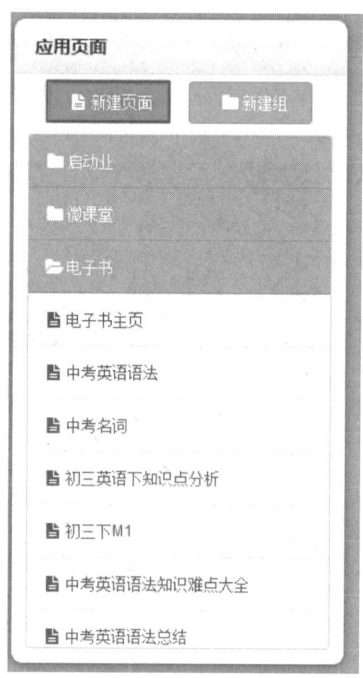

图 6-43　应用页面

建立完相应的新建组和新建页面后,就要对每个新建组的新建页面进行设计和链接。例如,要在"电子书主页"里面建立列表然后列出"中考英语语法"这个栏目时,首先要在右边的"控件"点击基础控件,然后选择"列表",然后把"列表"拖至中间手机屏幕中,如图6-44所示。

图 6-44　列表

当把列表拖进手机屏中后,点击手机屏中的列表就会出现右边的"控件属性"项,通过对其标题和图片进行设定,就出现了手机屏中的列表,如图6-45所示。

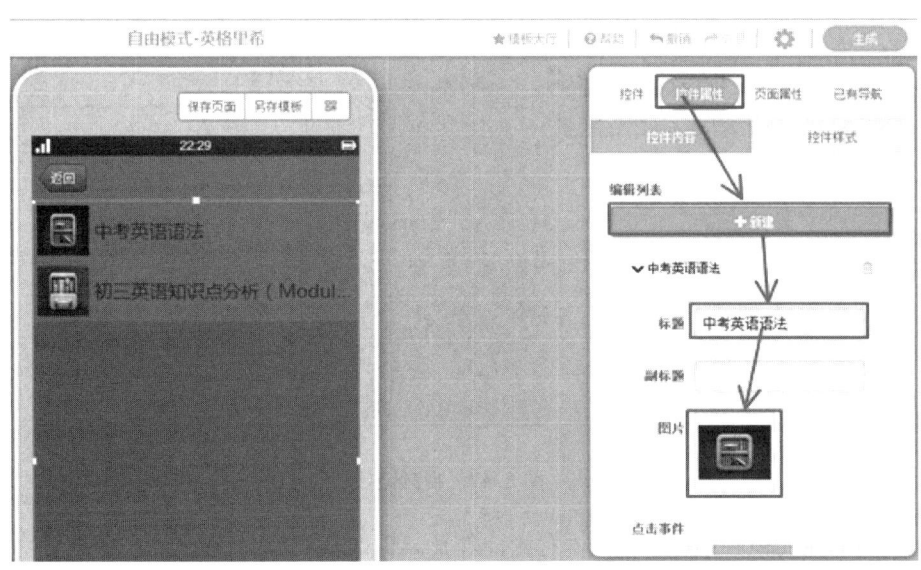

图 6-45　添加标题

下一步就是要对相应的标题和页面进行链接，当建好要链接的页面后，点击手机屏中的"中考英语语法"这栏，进入右边的"控件内容"，用鼠标下移会看到链接至的小栏，如图 6-46 所示。

图 6-46　进行链接

然后点"连接至"旁的空栏，进行选择相应的页面，这样就可以进行相应的链接。

应用公园对视频的支持也是非常好的。例如，在"微课堂"里建立一个"微课 1"页面，然后在页面内对视频进行链接。首先在右侧"控件及属性面板"的"基础控件"中选择"视频"，把"视频"拖进"中部模拟器面板"的模拟显示屏中，如图 6-47 所示。

图 6-47　视频链接

把相对应的视频地址链接到"右侧控件及属性面板"的"控件属性"中的"控件内容"视频后面方框里。特别强调应用公园支持腾讯和优酷的视频，所以建议使用这两个网站的视频做链接，如图 6-48 所示。

图 6-48　链接视频

活动 4　使用微信公众号制作网络课程

微信公众号是通过微信公众平台创建的。通过这个平台，个人和企业都可以打造一个微信的公众号。

公众号分为订阅号、服务号、企业号三类，如图 6-49 所示。服务号能够提供强大的业务服务与用户管理能力；订阅号能够提供一种新的信息传播方式，构建与读者之间更好地沟通与管理模式；企业号能够提供应用入口，帮助企业建立与员工、其他企业间的连接。开展一般性的移动学习，建议采用订阅号，而且，如果不进行微信认证，订阅号是免费使用的。

图 6-49　微信公众号的类型

利用公众号可以进行自媒体活动,即一对多的媒体性行为活动,实现和特定群体的文字、图片、语音的全方位沟通、互动,还可以通过平台深度开发展示微网站、微会员、微推送、微支付、微活动,微报名、微分享、微名片等。

通过公众号发布的消息通常是包含多种媒体形式的消息。点击消息链接,可以进入内容页,浏览消息内容。点击内容页右上角的"…",可以将该消息发送给指定朋友、分享到朋友圈、收藏、复制链接、在浏览器中打开等,如图 6-50 所示。

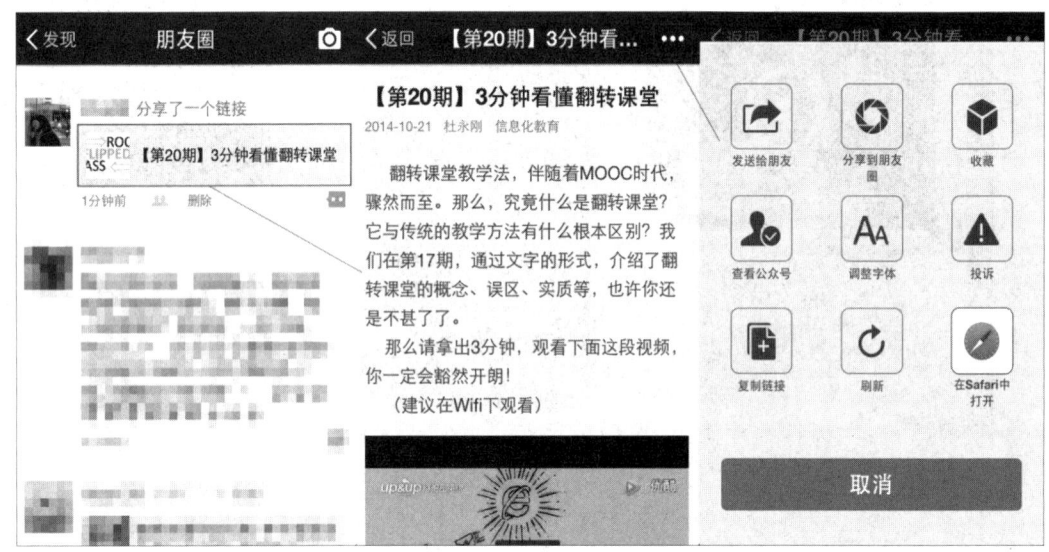

图 6-50　阅读和转发公众号消息

如果对某个公众号感兴趣,希望长期关注其内容,可以点击标题下方的蓝色字(公众号名称),进入公众号简介页,点击"关注"后,该公众号就保存在通讯录的公众号当中了,如图 6-51 所示。

图 6-51　关注公众号

如果想要查看某个公众号的历史消息，进入公众号后，点击右上角的人像图标，在打开的页面中点击"查看历史消息"，则进入该公众号的历史消息列表中，历史消息是按照时间倒序排列的，如图 6-52 所示。

图 6-52　查看公众号历史消息

注册一个订阅号类型的微信公众号，只需要准备邮箱、身份证、手机号，经过五个步骤，即可完成。需要强调的是，因为智能设备的屏幕相对较小，所以建议在电脑上进行公众号的注册和内容的编辑。登录微信公众平台后，如图 6-53 所示，按照提示进行 5 步操作即可完成注册。①②③④⑤

图 6-53　微信公众号（订阅号）的注册步骤

1. 填写基本信息

在浏览器地址栏中输入网址 https://mp.weixin.qq.com/，点击右上角的"立即注册"按钮进入注册界面，如图 6-54 所示。根据页面提示，输入基本信息，如图 6-55 所示。

图 6-54　微信公众平台首页界面

图 6-55　填写基本信息

2. 邮箱激活链接

根据提示进入邮箱，打开微信系统发送的邮件，点击里面的激活账号的链接，如图 6-56 所示。

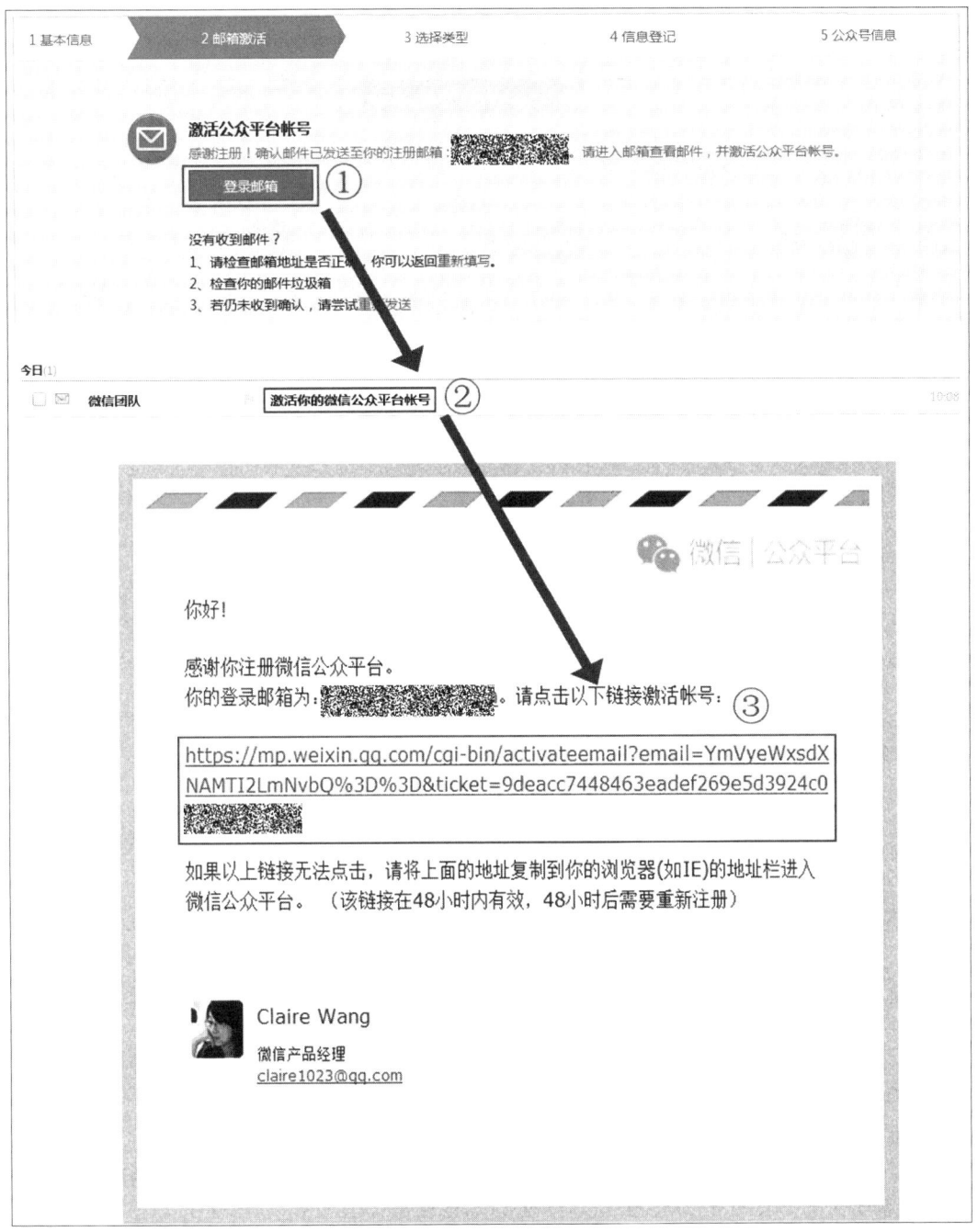

图 6-56　激活邮箱链接

3. 选择公众号类型

公众号分为订阅号、服务号、企业号三类。开展一般性的移动学习，建议采用订阅号，而且，如果不进行微信认证，订阅号是免费使用的。需要注意的是，类型一旦选定，就不能更改了，如图 6-57 所示。

图 6-57　选择公众号类型

4. 用户信息登记

因为公众号是需要实名注册的，因此需要提供真实的姓名、身份证号、手机号等，如图 6-58 所示。

5. 填写公众号信息

填写公众号信息时，账号名称很重要，一经设置便无法更改了，所以一定要慎重填写，如图 6-59 所示。

完成以上操作后，等待系统审核，如果审核未能通过，其原因可能是由于信息登记时所提供的资料不够全面导致的。请提供正确的、符合信息登记条件的资料重新进行登记即可。

①手执身份证照片，所有信息需清晰可见，必须能看清证件号、照片中免冠不得做任何修改。

②当信息登记在审核中时，无法使用"群发消息""高级功能""数据统计"功能，每次审核的时间为 7 个工作日（节假日、周末除外）。

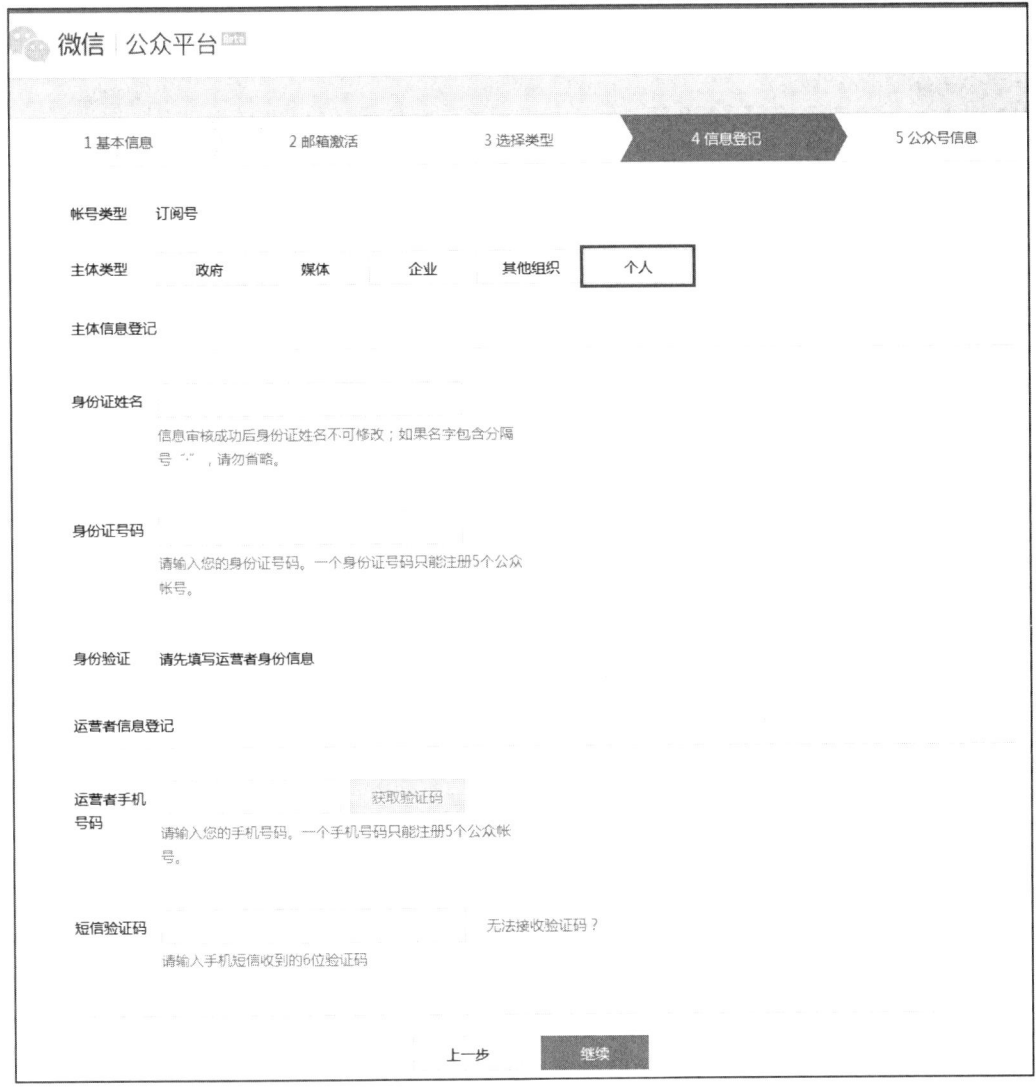

图 6-58　用户信息登记

③当信息登记未通过审核时，在微信公众平台登录页面会提示该公众账号可提交审核的剩余次数，共提供给用户 5 次信息登记的机会。当信息登记多次审核未通过后，该账号可能无法再注册。

审核通过后，需要完善相关信息，包括：

①公众号名称：想一个容易给用户们识别和方便记忆的名称，微信公众平台的名称注册后是不能修改的，所以填写时一定要先谨慎考虑。

②微信认证：只要你的账号用户数超过 500 人就可以申请认证，现在微信认证仅限已获得认证的腾讯微博账号来认证。认证后你的中文名称就可以在微信通用搜索里搜索出来，并且认证账号可以方便日后申请更多特色功能，例如自定义菜单和通用接口等。需要注意的是，微信认证是需要一定费用的，当然，不进行微信认证，公众号也能够正常使用。

图 6-59 填写公众号信息

③微信号:微信号是具有唯一性的账号,当你的账号还没有认证的时候,用户是无法直接用通用搜索中文名称找到你的,这时微信号就能帮到你,当用户通过查找你的微信号,就可以直达你的账号。当然现在微信也有查找微信公众账号功能,让一些没有认证的公众账号可以在这里用中文名称搜索到。

④头像:微信头像图片一般 300 像素×300 像素即可,设计头像的时候要特别注意尽量一行不要太多字,字体要够大,够突出,这样头像在手机上展示效果就会十分好。

公众号注册成功后,会自动生成一个二维码,还可以自主设定微信号,用户通过扫描二维码或搜索微信号的方式,即可关注该公众号,进而获取公众号发布的信息,参与到移动学习当中。

登录公众号后,首页界面左侧显示导航栏,包括功能、管理、推广、统计、设置、开发者中心等主栏目,每个主栏目之下都有若干子栏目,在后续的学习中,这些栏目的功能将逐一介绍。此外,在首页显著位置处,会显示用户发来的最新消息、新增的用户数、用户总数,以及微信公众平台发布的系统公告等,如图 6-60 所示。

图 6-60　公众号首页界面

模块 7　在线学习

活动 1　基于网易云课堂的自主学习

网易云课堂是网易公司打造的在线实用技能学习平台，主要为学习者提供海量、优质的课程，用户可以根据自身的学习程度，自主安排学习进度。立足于实用性的要求，网易云课堂与多家教育、培训机构建立合作，课程涵盖实用软件、IT 与互联网、外语学习、生活家居、兴趣爱好、职场技能、金融管理、考试认证、中小学、亲子教育等十余大门类。目前 Web 端、手机端、平板端都有该应用，用户能够轻松地实现同步。下面以 iPad 上的网易云课堂为例简要说明其用法。

1. 注册、登录和参加课程

网易账号注册的方式很简单，填写的信息相对也比较少，这里不做过多说明，如果不想注册，也可以用第三方账号登录，如腾讯 QQ、新浪微博、人人网，如图 7-1 所示。

图 7-1　网号登录

登录之后，可以在首页选择喜欢的课程进行学习。首页上方分为精选、课程、更多三个栏目，可结合自身情况进行切换选择，也可以利用右上角的搜索框搜索想学习的内容，如图 7-2 所示。

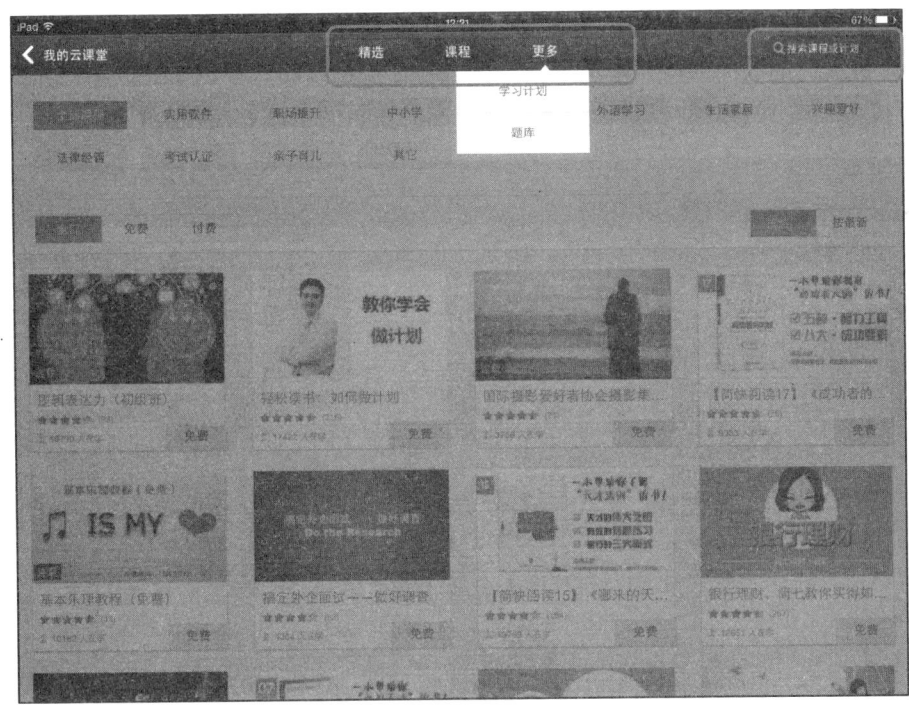

图 7-2 我的云课堂

看到适合的课程后点击"参加该课程"按钮就可以开始学习了,如图 7-3 所示。网易云课堂上的部分课程是需要收费的,如需收费则支付完成后才可参加该课程。

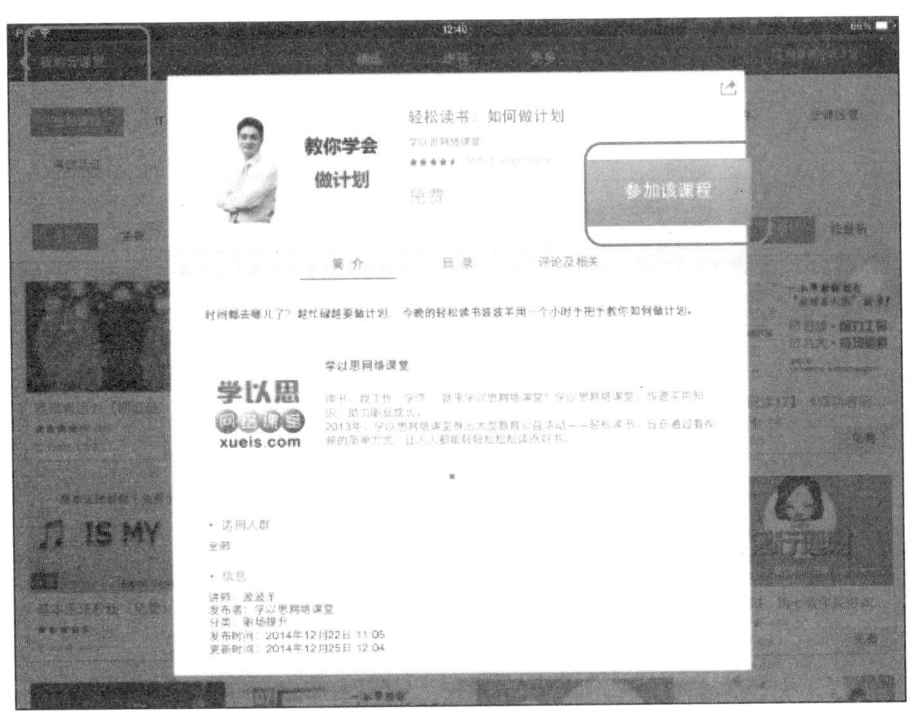

图 7-3 参加课程

参加过的课程会在个人主页上显示,个人主页在页面左上角"我的云课堂"按钮处进入,进入后的页面如图 7-4 所示,系统会将你参加过的课程以未完成和已完成进行分类显示,点击右上角的"+学习资源"就又回到首页面了,如图 7-4 所示。

图 7-4　已参加课程

点击个人主页左上角的按钮（）,出现如图 7-5 所示的页面,从左侧的导航可以进入对应的栏目,"我的学习"里摆放着自己参加过的课程,"我的笔记"里收集着自己记过的笔记,"我的问答"里记录着自己提出过和回答过的问题,"我的题库"中记录着自己做过的题、做错的题以及收藏的题。

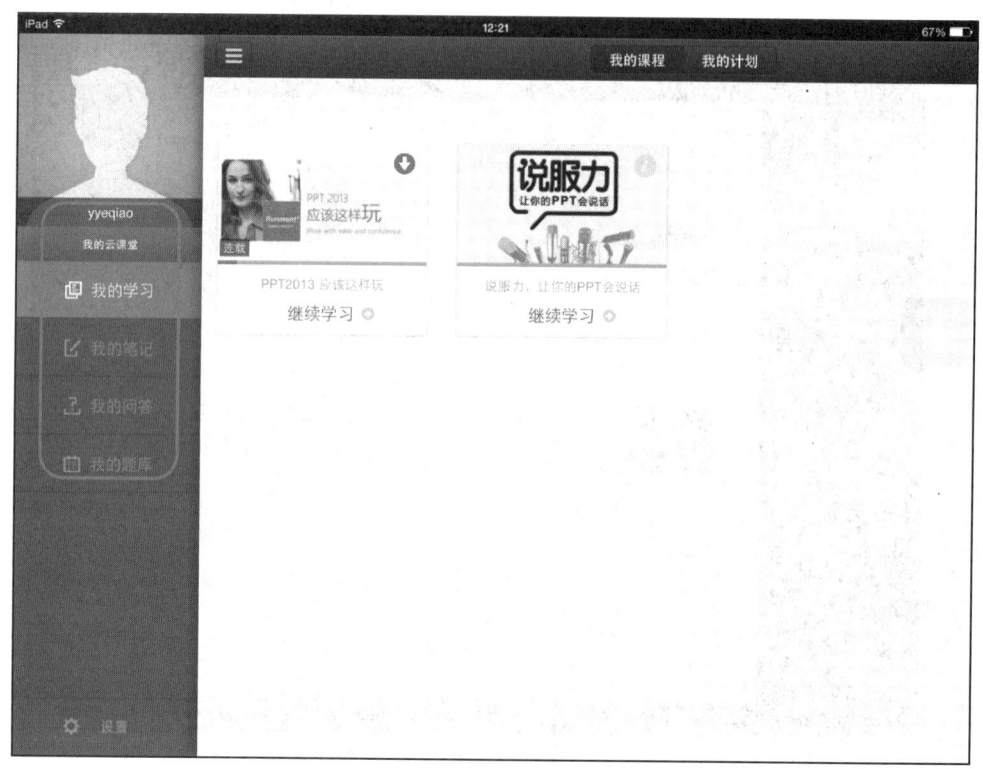

图 7-5　导航界面

2. 学习小技巧

（1）快播与慢播，根据自身情况调整学习步调

在观看视频的时候，老师的语速通常都不一样，有些老师特别慢，有些老师特别快，在视频播放键旁边有一个按钮，点击该按钮就可让视频的播放速度在 1×（默认速度）和 2×（2 倍速度）和 0.5×（放慢一半速度）之间轻松切换，如图 7-6 所示。这项功能目前是 iPad 上独有的。

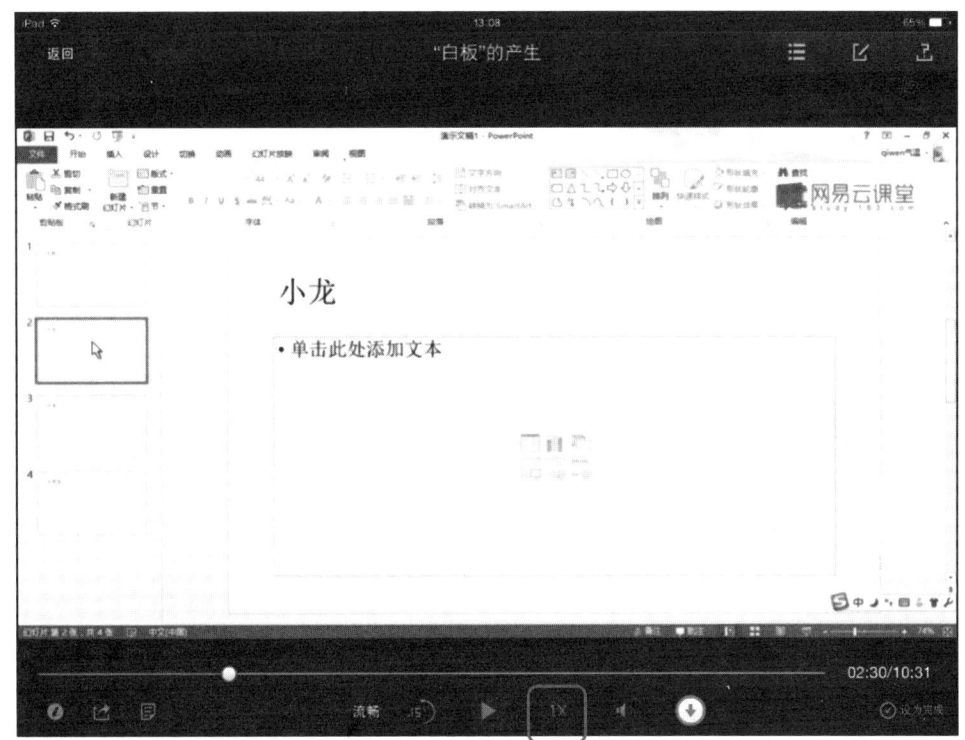

图 7-6　视频播放控制

（2）快速切换另一课，边学边记笔记

学习过程中发现，这个知识点已经明白了，而对另一个知识点的内容不太理解，这时可以点击视频右上角的 ![] 按钮，会出现如图 7-7 所示的章节列表，点击相应内容就可以进入。

学习过程中想记笔记，点击右上角的 ![] 按钮，会出现如图 7-7 所示的添加笔记的页面，点击添加按钮就可以做笔记了，你是在视频播放到哪个时刻添加的笔记，系统也有记录，这样就能大大提高学习者的学习和复习效率。

在平板或手机上观看网易云课堂课程（图 7-8）也是非常给力的，独特的大屏设计，让学习更舒服，课程涵盖了职业技能、外语学习、兴趣爱好等各方面的视频教程，让每一个人都能学习的机会。

(a)

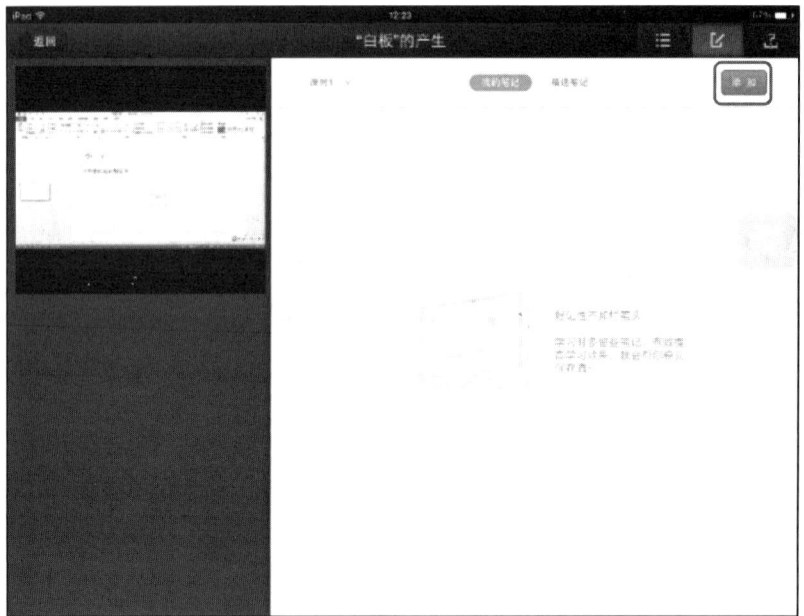

(b)

图 7-7 章节列表（a）和添加笔记（b）

图 7-8　网易云课堂

活动 2　使用盒子鱼（学生版）自主学习

盒子鱼英语教学系统，从小学到高中都是和教材同步的，还有拓展学习的部分。针对处于不同学习阶段的使用者，涵盖了初中英语、高中英语、托福、小学英语和成人英语五大模块；鉴于每个阶段学习者自身水平的不同，有针对性地设置了教材同步辅导、综合提高课程和自主测验三大系列。不仅内容质量好，还对学生免费。现在人大附中、清华附中、文汇中学、建华中学等学校都有实验班在使用了。

1. 如何获得盒子鱼学生版

打开 iPad，在 AppStore 中搜索"盒子鱼"，找到并下载即可。教师版的获得方式和学生版的一样。应用下载免费，内置的所有精彩课程也永久免费！从小学到托福，上千个课时！

如图 7-9 所示是盒子鱼英语学生版的主页，点击上方的下拉菜单就可以更改教材的版本，针对初高中，盒子鱼英语分为听力、词汇、测验三大模块。

图 7-9　盒子鱼英语学生版主页

2. 自主学习，记单词也能如此简单

选择词汇模块点击相应的单元就可以开始学习了，如图 7-10 所示。

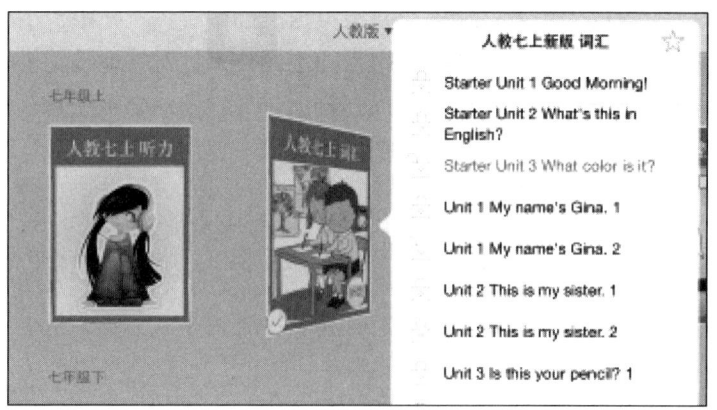

图 7-10　词汇模块

进入后会看到自主学习、词句练习、词义练习、拼写练习等子模块。点击左上角书的图标可以回到主页的书架，点击图书图标旁边的图标可以选择跳到其他的单元。此外，如果想收藏本单元，还可以点击右上角的五角星图标进行收藏，如图 7-11 所示。

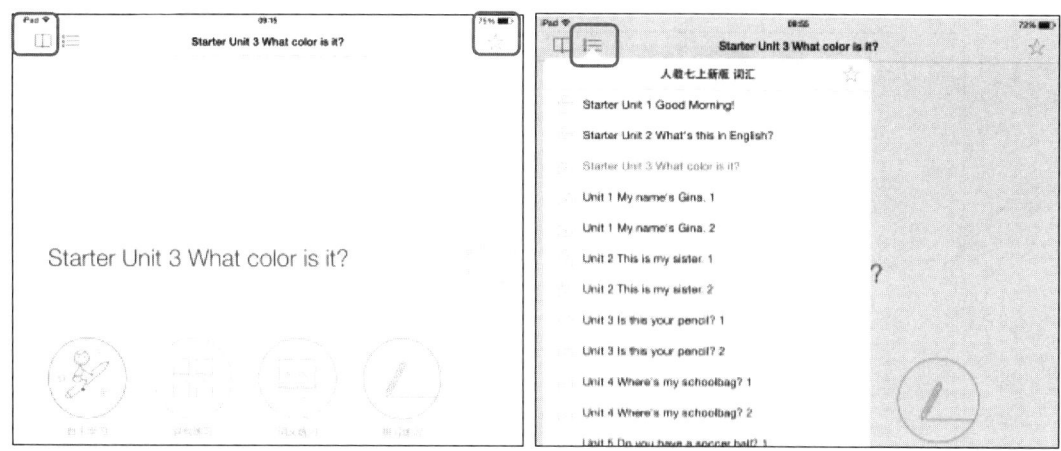

图 7-11　学习页面

点击自主学习就进入本单元单词的学习了，进入主词页，音频会自动播放；如果想重复听，点击图片所在屏幕即可，点击"？"按钮，出现图片英文，如图 7-12 所示。

图 7-12　主词页

点击左下角"Keyword"（关键字），即可出现该句英文的关键字，点击过后，左下角的"Keyword"变成"Sentence"（句子），即在关键字和句子之间切换。点击右下角的麦克风按钮，可以进行自我朗读和朗读音频的播放，点击该按钮出现"噔"的一声即可开始朗读，朗读结束后系统会自动进行回放，并会给予音频（如 Good，Try again 等）和加分反馈，如图 7-13 所示。当前的页面内容学习结束后，单指从右向左滑动可进入下一页。

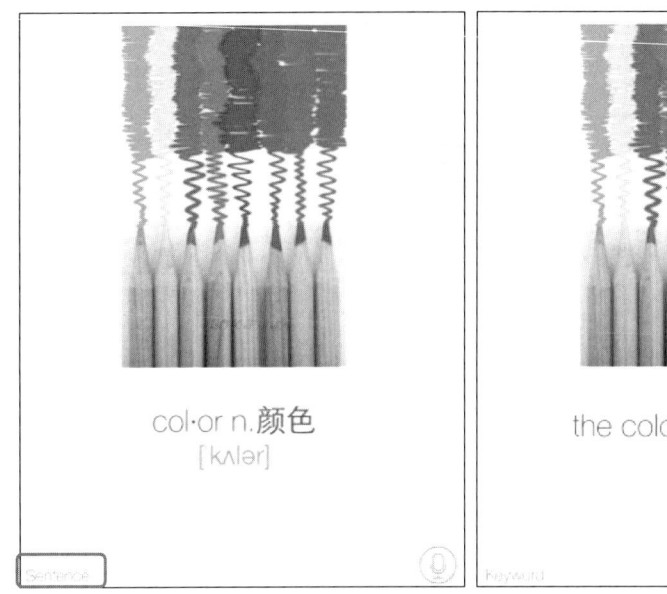

图 7-13　词汇学习

3. 听力、真题、各类型测验，全面巩固知识点

词汇学习结束后，学生可以选择点击页面右上角的"首页"按钮，如图 7-14 所示，即可回到首页选择练习进行自主练习，检测自己刚刚的学习效果。

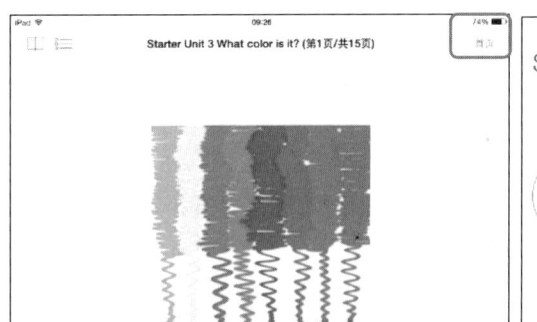
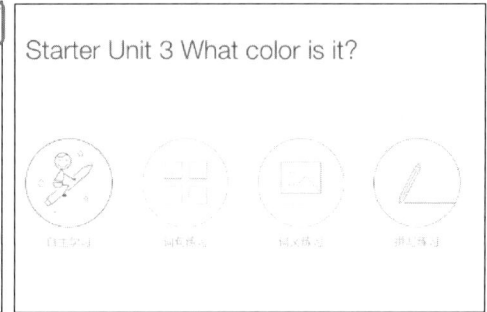

图 7-14　回到学习首页

每项练习都有规定的时间和分数，练习完成后，系统会自动计分给以反馈，在听力模块和测验模块也是这样的。下面以词句练习为例简要说明，如图 7-15 所示。进入练习后，系统自动播放音频，如果想要重复听，点击上方的播放按钮即可。用手指点击正确的选项后即可进入下一题，若选择错误，系统会给以提示再选一遍。练习全部完成后，系统会自动给以反馈，可以看到自己的得分以及在班上的排名信息，如图 7-16 所示。点击左下角的排行按钮，可看到排名信息。

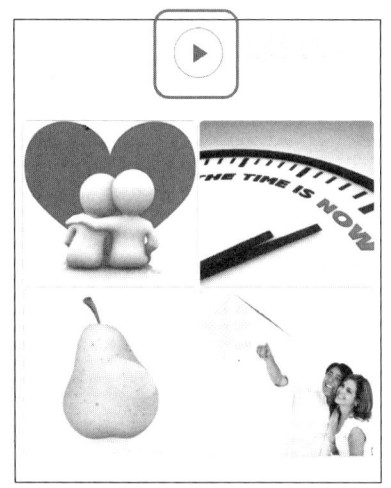

图 7-15 词句联系

图 7-16 排名信息

模块 8　在线考试与测评

活动 1　使用问卷星平台进行在线测评

1. 设计试卷

（1）输入用户名和密码后登录问卷星系统。

（2）第一次登录系统后，点击页面右上方的"设计新问卷"按钮。

（3）问卷星提供了两种设计问卷的方式：一是利用模板创建；其二是利用文本创建。

进入问卷编辑页面，选择"考试题"菜单下面的"考试单选"，也可以选择"考试多选""单项填空"和"多项填空"。

以单选为例：数学题中经常会出现图片，问卷星可以插入图片，如图 8-1 所示。

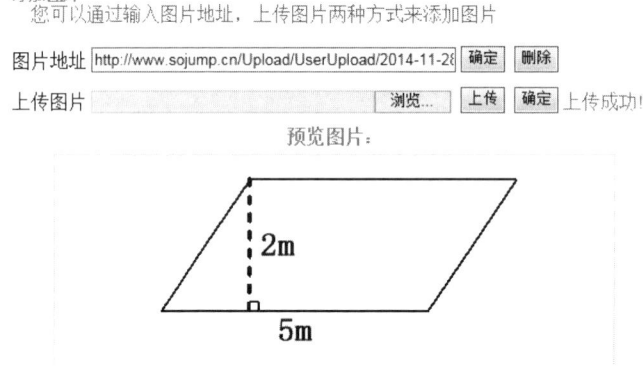

图 8-1　插入图片

接下来就是具体题目的编辑和选项的设定，还可以设置这个题目的分值和哪个选项为正确答案，如图 8-2 所示。

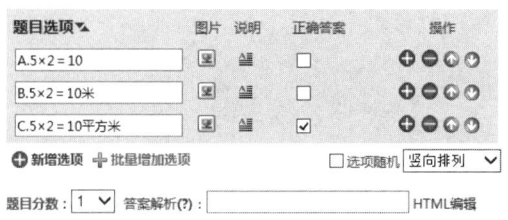

图 8-2　编辑题目

输入所有考试题目，设置分值和正确答案之后，发布问卷。

2. 发送问卷

点击页面上方的"完成编辑"按钮，完成问卷的编辑工作，进入发送问卷环节。

在向其他人发送问卷之前，需要进行发布问卷的操作，如图 8-3 所示。发布问卷就是将已经编辑完成的问卷发布到网络上，使其有一个唯一的访问地址。

图 8-3　发布问卷

3. 统计分析

一旦有人开始填写问卷，问卷星自动统计分析问卷结果，并实时更新结果信息。

点击"设置总体测评报告"，在"设计问卷"→"问卷设置"中选择"显示测评结果"，这样每个填写者做完试卷之后就会得到自己的测试结果报告！

如图 8-4 所示，填写者提交答卷之后可以看到自己的测评报告。

基本分析

您的得分：3 分	答对题数：3 题	您的名次：1 名
问卷满分：3 分	测试题数：3 题	参与人次：32 人

图 8-4　分析结果

而试卷发布者可以在后台看见每个填写者和每个题目的作答情况，并且自动得到分析统计结果，如图 8-5 所示。

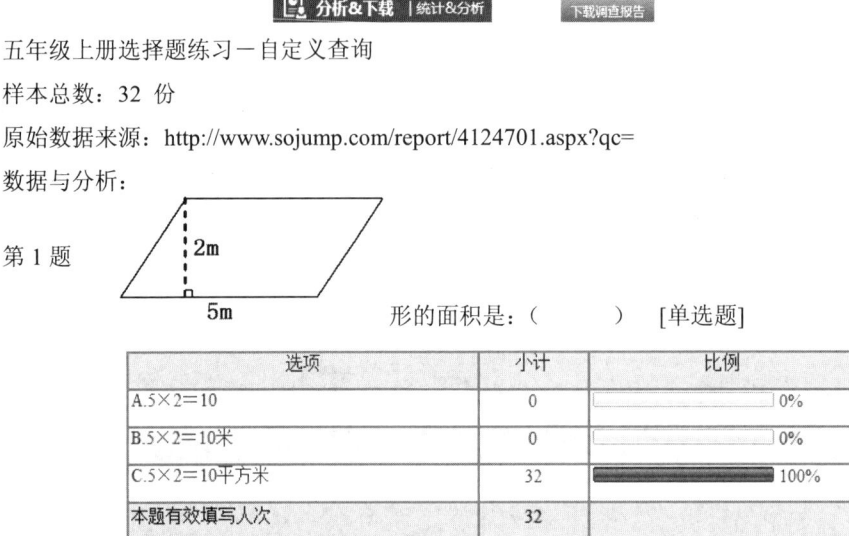

图 8-5　数据与分析

活动 2　使用教之初平台进行在线测评

"教之初"是一款功能成熟的在线考试系统,支持电脑和移动设备,其免费产品包括单机版和网页版,可以自主设计试卷,并能为 50 名学生提供在线考试。

1. 登录考试系统

输入网址：www.jiaozhichu.net 进入教之初在线考试系统网页,点击进入"免费产品和服务",选择单机版下载,或进入网页版,如图 8-6 所示。

图 8-6　教之初在线答题系统免费产品

进入网页版后，系统会提示你填写申请表，如图 8-7 所示。下载并填写后，加盖学校公章，可以扫描发送到指定 QQ，即可申请使用。

图 8-7　网页版申请表下载

申请成功后，登录，如图 8-8 所示。

图 8-8　教之初在线答题系统登录界面

输入系统提供的账号和密码，进入考试系统后台管理界面，如图 8-9 所示。

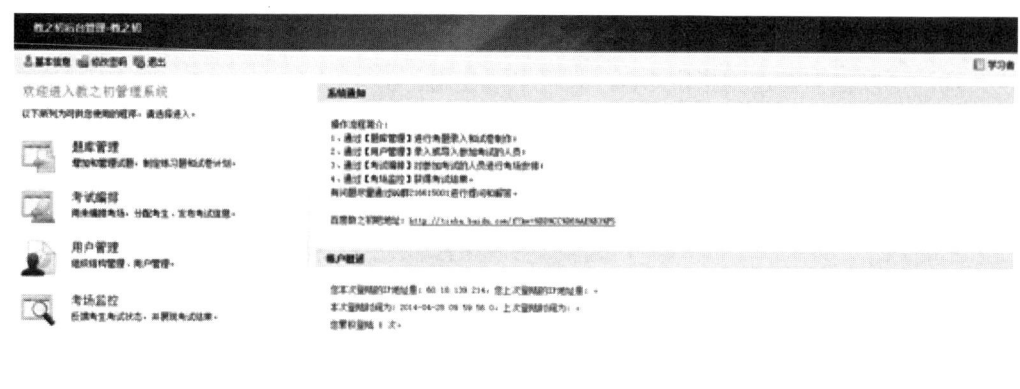

图 8-9　后台管理界面

2. 设计试卷

教之初考试系统的基本流程分为 7 步，如图 8-10 所示。

图 8-10　"教之初"基本流程图

（1）建立科目

选择题库管理（图 8-11），进入科目管理（图 8-12），添加科目名称（图 8-13），选择题型、难易度、评价方式等，如图 8-14 至图 8-16 所示。

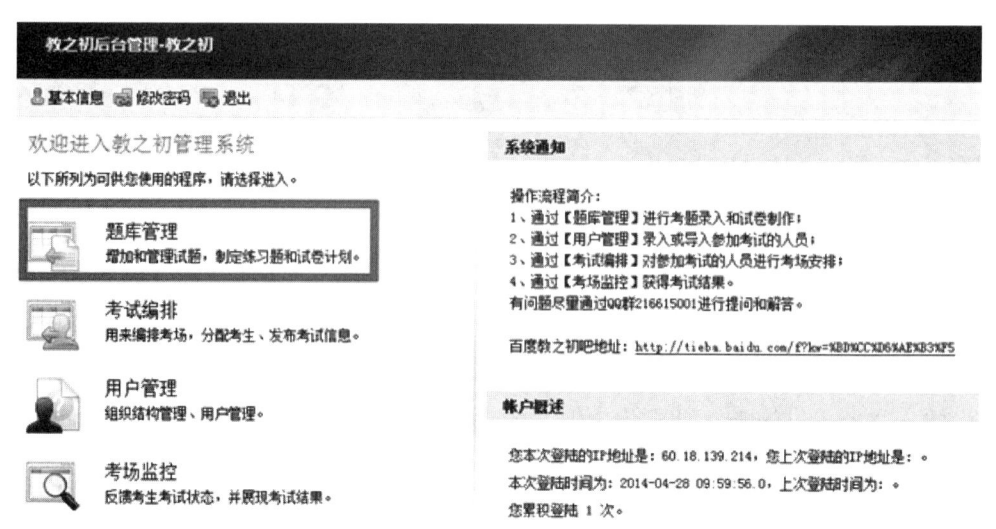

图 8-11　题库管理

图 8-12　添加新科目

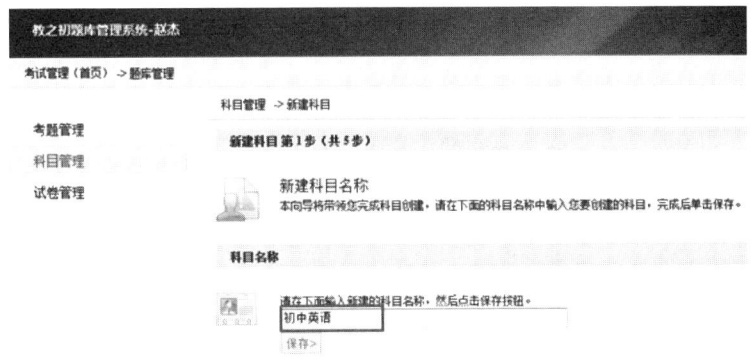

图 8-13　建立科目

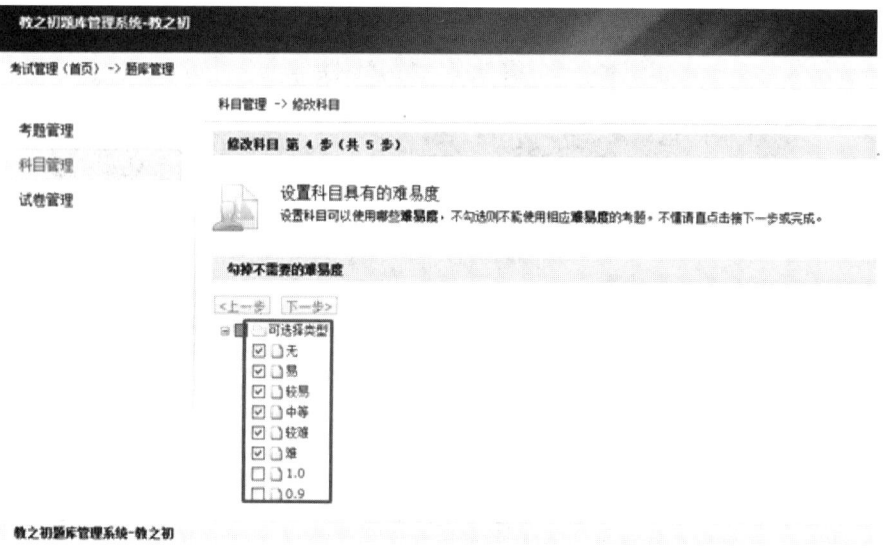

图 8-14 选择题型

图 8-15 选择难易度

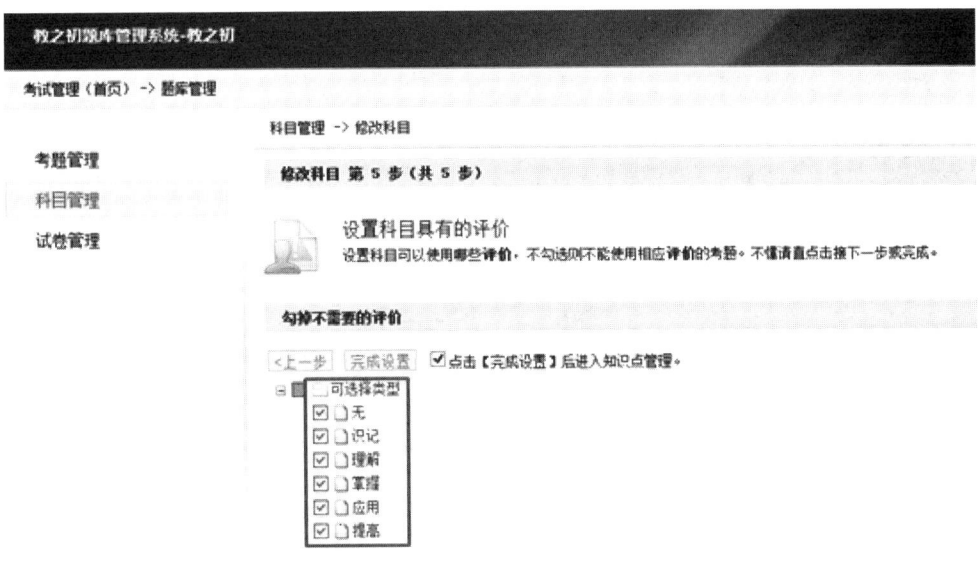

图 8-16　选择评价

（2）建立、管理知识点

选择"科目管理"下的"知识点管理"，如图 8-17 所示。选择一个科目，单击"增加子级"，如图 8-18 所示。

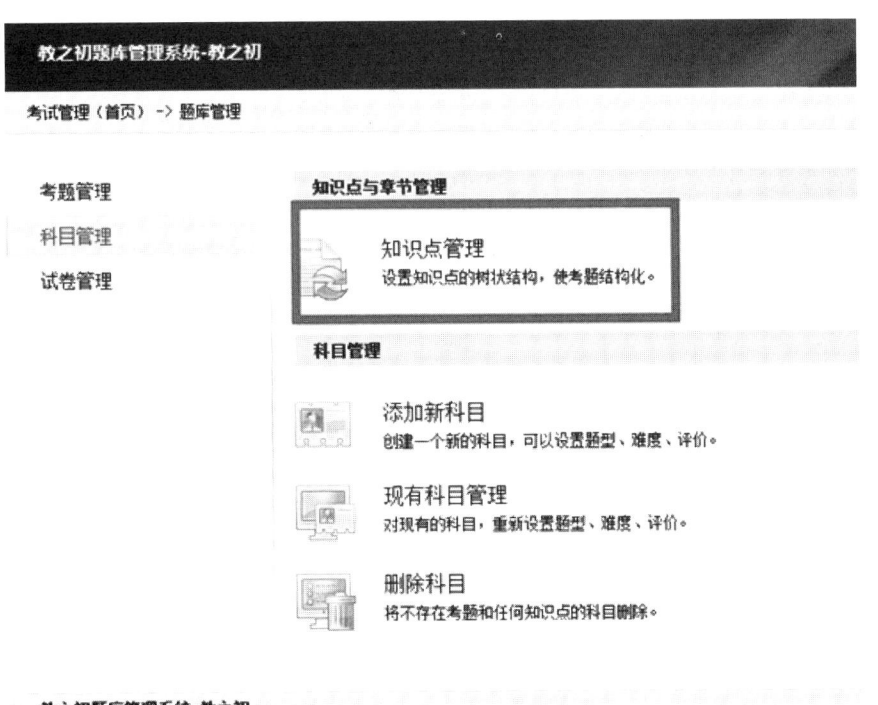

图 8-17　知识点管理

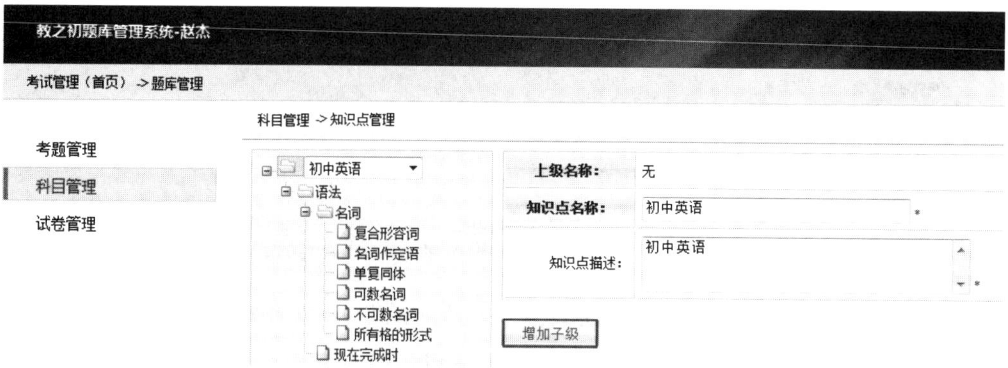

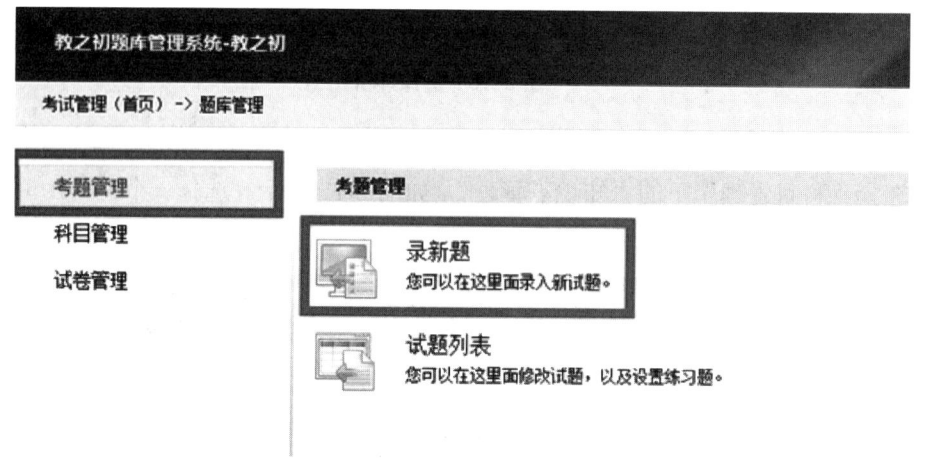

图 8-18 增加子级

(3) 录入考题

选择"考题管理"下的"录新题",如图 8-19 所示。录入考试题前,先选定相应的知识点和题型,如图 8-20 所示。

图 8-19 录新题

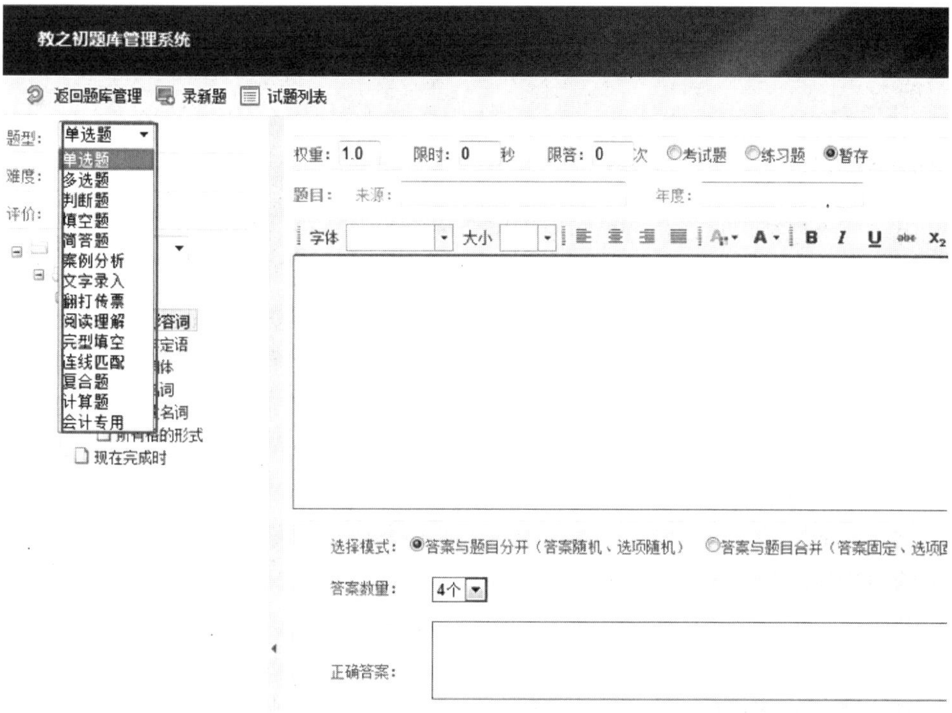

图 8-20　选择题型

以单选为例,选择好相应的知识点后,录入题目,如图 8-21 所示。然后在正确的答案处录入相应的答案,在干扰处录入其他答案,然后点击"保存"。

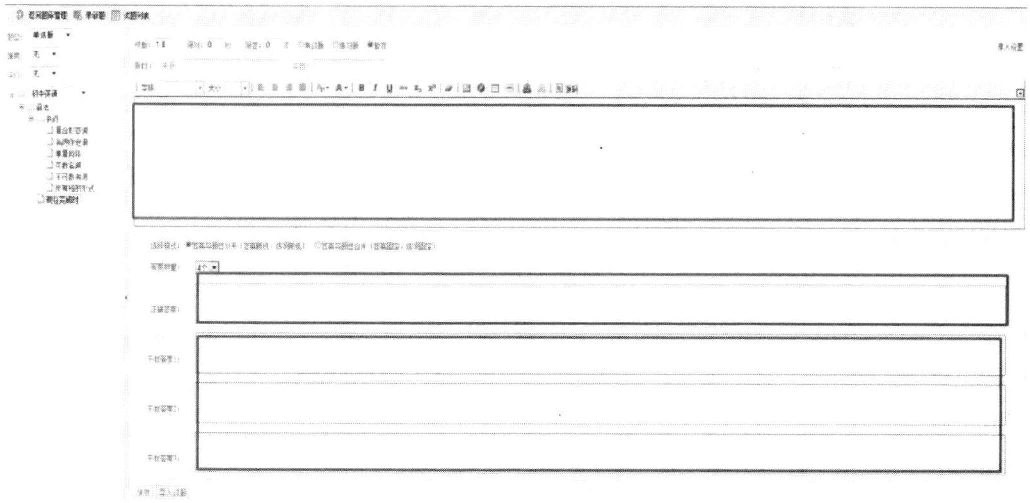

图 8-21　录入题目

活动3　使用微信公众号进行学习统计与分析

1. 用户分析

用户分析包括用户增长分析和用户属性分析。

用户增长分析，可以统计公众号用户的数量增减情况和趋势，包括新增人数、取消关注人数、净增关注人数、累计人数等数量统计，还可以按照时间进行数据比对，分析增长的用户来源等，并能生成趋势图和详细数据报告。在详细数据的右上角，点击"导出CSV"（图8-22），可以将上述数据保存为Excel表格。

用户属性分析，包括性别分布、语言分布、省份分布、城市分布（图8-23），以及终端分布、机型分布（图8-24）等。

这样就能很方便地了解移动学习参与者的动态情况，便于及时调整学习内容，吸引更多的用户参与学习。

2. 图文分析

可以统计公众号群发的图文消息的送达、阅读、转发、收藏等情况，如图8-25所示。并能生成各类报表和图表，并能够对两个以上的图文消息进行对比性分析。这样就能很方便地了解移动学习资源发布的动态情况，便于及时完善学习资源，帮助学习者更好的开展移动学习。

3. 消息分析

消息分析包括消息分析和消息关键词分析，如图8-26所示。

消息分析（图8-27），可以按照小时、日、周、月等时间进行统计，分析用户向公众号发送消息的关键指标，生成趋势图、消息发送次数分布图，并能统计详细数据。在详细数据的右上角，点击"导出CSV"，可以将上述数据保存为Excel表格。

消息关键词分析（图8-28），可以统计用户发送关键词的频率，还可以按照时间进行数据比对。

消息分析能够很方便地了解用户的需求，为移动学习参与者提供更好的学习服务。

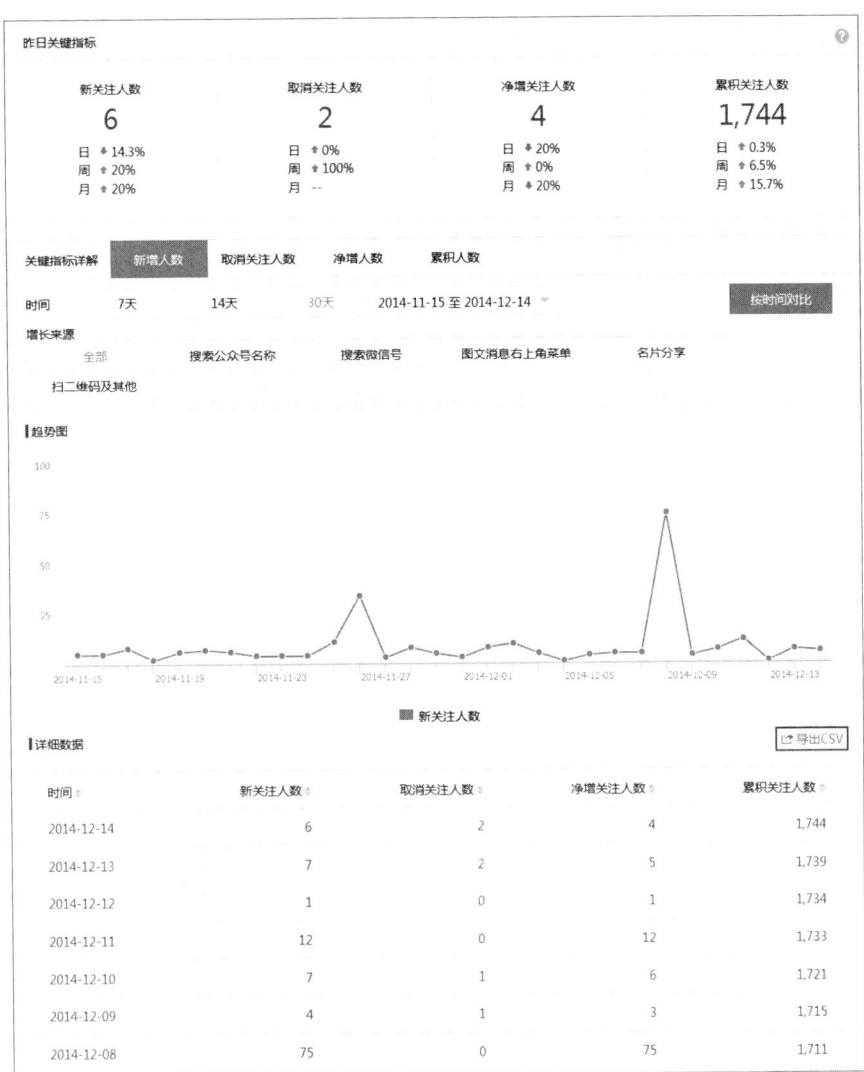

图 8-22 用户数量分析

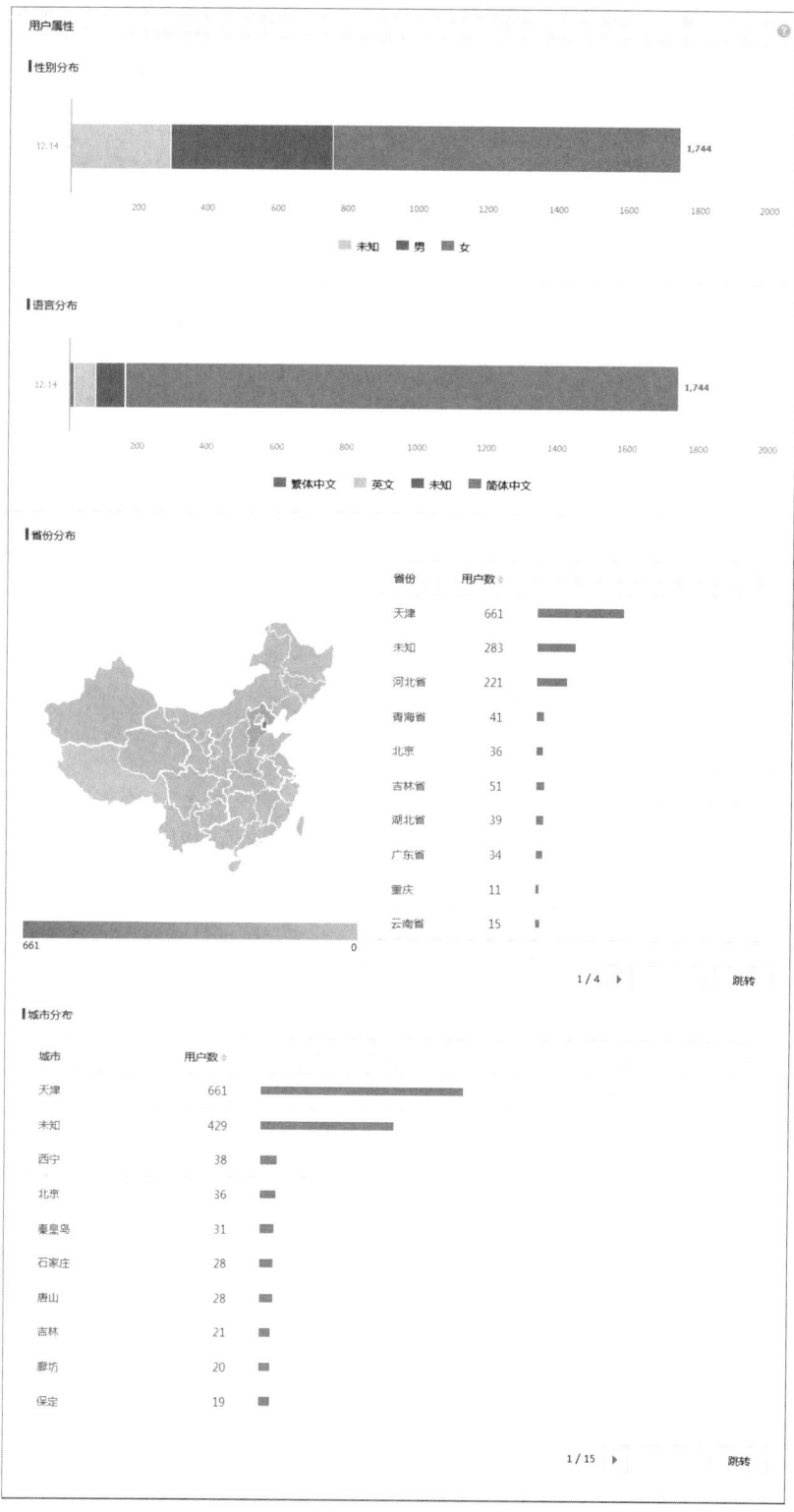

图 8-23 性别、语言、省份、城市分布

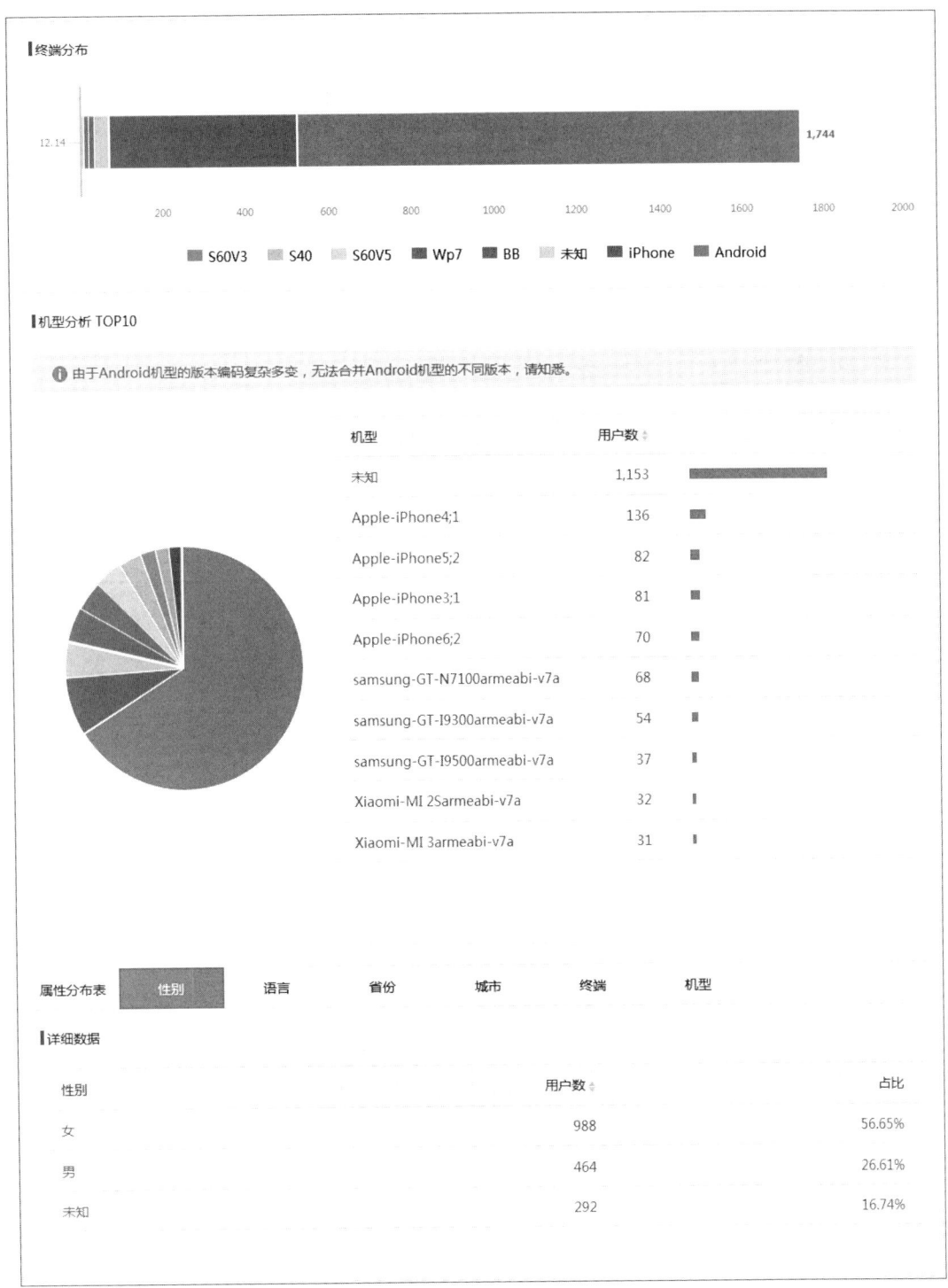

图 8-24　终端、机型分布，属性分布表

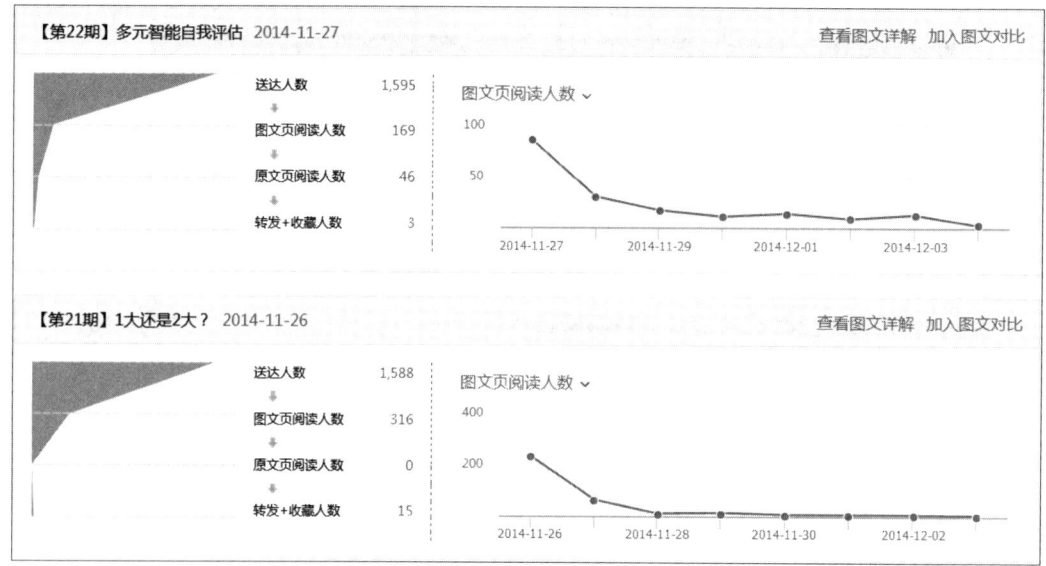

图 8-25　图文分析报告

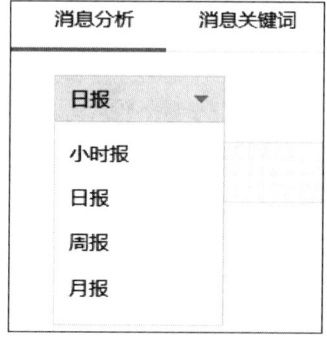

图 8-26　消息分析类型

图 8-27 消息分析

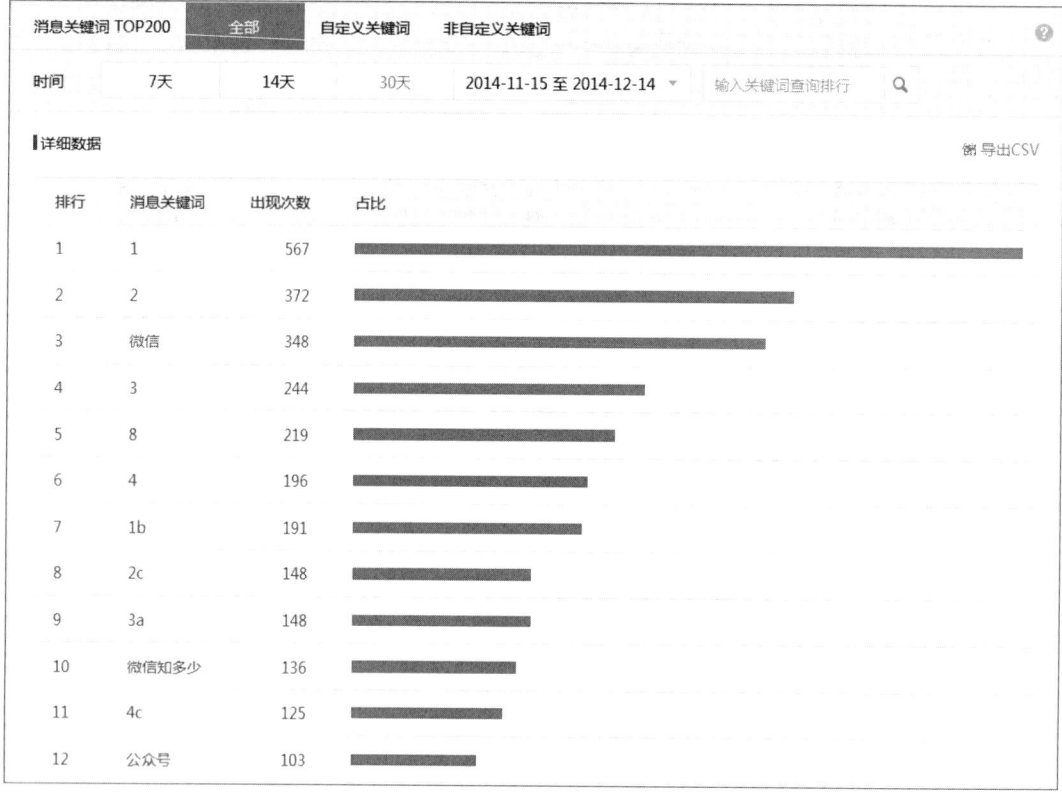

图 8-28　消息关键词分析

模块 9　教育 APP 推介

APP 全称是 Application，指的是可以在移动设备上使用，满足人们咨询、购物、社交、娱乐、搜索等需求的第三方应用程序。著名的应用商店有苹果的 App Store，谷歌的 Google Play Store，微软的 Marketplace 等。基本每一款移动设备都有自己的应用商店或者应用市场供用户去浏览、购买及下载应用程序。比如要找英语学习方面的 APP 可以搜索"英语学习"四个字。

教育 APP 很多，常用的如表 9-1 所示。

表 9-1　几个常用教育 APP

类别	APP 名称
办公	WPS Office、麦库记事、印象笔记等
云存储	百度云、快盘及微云等
电子书	亚马逊 Kindle、开卷有益等
在线教育	网易公开课（TED）、慕课网、知乎、果壳等
白板软件	Show me（iOS）、宝宝小画板等
思维导图	3A Cloud ，SimpleMind、MindMeister
学科教学	数学之王（King of Math）、盒子鱼、乐乐的拼音、百词斩等

活动 1　移动办公类 APP

1. WPS Office 移动版

金山 WPS Office 移动版能够支持在移动设备上进行文档、表格、演示文稿的各种操作，如图 9-1 所示。

兼容的格式：金山 WPS Office 移动版全面兼容 Office，支持 doc、docx、wps、xls、xlsx、et、ppt、dps、pptx 和 txt 等多种文档格式，内置的文件管理器可自动整理办公文档，让文档管理更轻松。

文档的查看和编辑：编辑功能包括常用的文字编辑、格式处理、表格、图片对象等功能。轻点手指触屏即可操控，直观快捷，容易上手，随时随地开展移动办公。

本地和在线存储：金山 WPS Office 移动版集成金山快盘，"云存储"让一切更简单，在移动设备上可以对云存储上的文件进行快速查看及编辑保存，文档同步、保存、分享将变得更加简单。

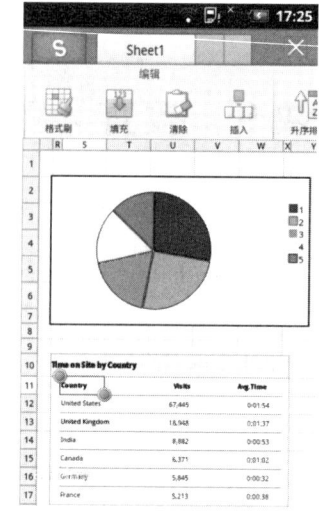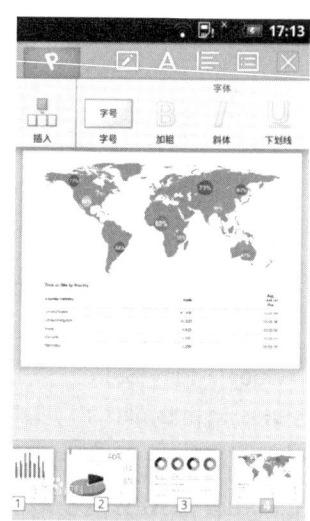

图 9-1　WPS Office 移动版

邮件集成功能：金山 WPS Office 移动版强大的邮件集成可让您轻松编辑并发送附件，文档附件瞬时送达。

2. Keynote

Keynote 是苹果公司出品的演示幻灯片软件，如图 9-2 所示。运行于 Mac OS X 操作系统。拥有海量主题库和素材，并且支持几乎所有的图片字体，还可以使界面和设计也更图形化。只需用手指轻触和轻点，就能轻松制作带有动态图表和过渡效果的世界级演示文稿，也可以利用全屏模式直接在 iPhone 上进行演示。

图 9-2　Keynote 启动画面

Keynote 内置超过 25 种过渡效果，如图 9-3 所示。甚至包括部分 3D 过渡效果，可以做出十分炫目的幻灯片。

图 9-3　Keynote 模板选择

使用 Keynote 内置的强大图形工具让每张幻灯片都呈现出最佳面貌。即时工具能够快速有效地清除图片的背景，或者以预先画好的形状，如圆形或星形将其遮罩。

使用对齐和间距参考线，可以很容易地找到幻灯片的中心，以确认对象是否对齐。让添加到幻灯片中的任何对象，包括图像、文本框或形状都能够精确地摆放在理想的位置上。

如果需要添加流程图或关系图（图 9-4），可以使用连接线功能。连接线始终被锁定在对象上，对象移动时，其间的连接线也会随对象一起移动。

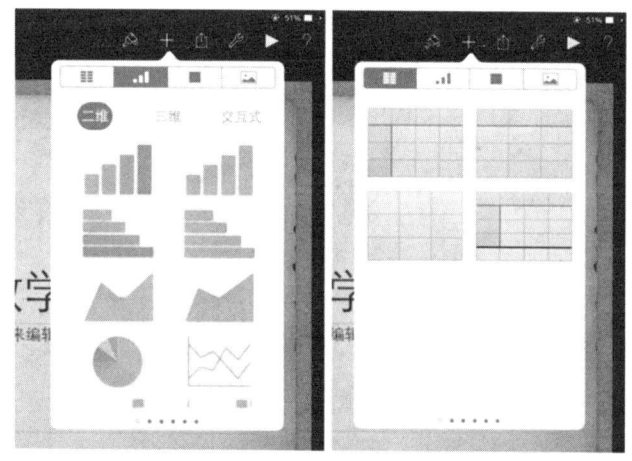

图 9-4　Keynote 的图表制作

如果您要向为数众多的观众进行演示，可以将装置与投影仪或 HDTV 高清电视相连，还可使用演示者屏幕预览幻灯片和注释，如图 9-5 所示。

Keynote 能够兼容和共享文件，可以打开 Microsoft PowerPoint 文件，也可将创建的 Keynote 文件存为 PowerPoint 格式。

如果需要共享演示文稿，但不确定使用者用的是 Mac 还是 PC，只需将其发布到 Public Beta2。审阅者会收到一个专属的 URL 链接，轻点即可浏览文件、发表批注或者下载适合的文件格式，包括 Keynote、PowerPoint 及 PDF 格式。

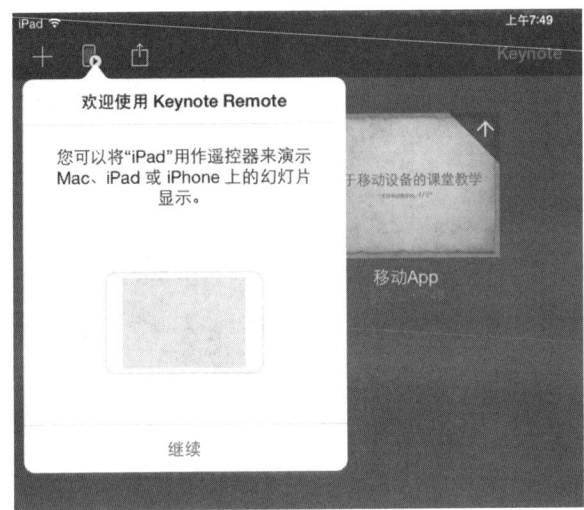

图 9-5 Keynote 的遥控演示

3. SlideIdea

SlideIdea 是基于移动平板电脑的演示软件,如图 9-6 所示。

图 9-6 Slide Idea 的启动画面

SlideIdea 使用了一套基于云端的美化引擎,对于使用者来说,只需要输入内容,云端就会匹配出针对这一内容的几十种甚至上百种格式设计,只需要进行选择就可以了。

SlideIdea 还具备强大的互动功能,这也是至今为止第一款将互动发挥到极致的演讲软件。

投票、提问、留言等是 SlideIdea 的重大创新功能,演讲过程中,听众可通过自己的智能手机轻松与演讲者进行互动。

在投影大屏幕上实现投票、互动问答、评论、实时搜索、抽奖、计时器、预览与回放幻灯片等多种有趣功能，营造出活跃的信息分享、交流氛围。

活动 2　电子白板类 APP

1. 超级黑板

超级黑板（图 9-7）是一款电子白板类的软件，它可以把 iPad 变为手持的电子白板。它的设计理念偏向写实黑板的用法，画笔没有渲染效果，但是可以调整粗细，变换颜色，非常适合中小学教师使用，特别是数学和音乐等学科。

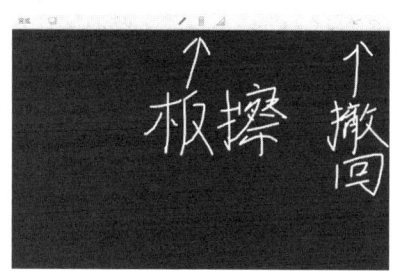

图 9-7　超级黑板的基本功能

使用超级黑板可以节约课堂时间，不用再拿着笨重的尺规作图，也不用再费尽心思地去画标准五线谱，并且超级黑板本身也在不断为丰富图形组件库提供着各类教学素材，如图 9-8 所示。超级黑板拥有多块黑板，在上面书写的所有内容，都可以存在 iPad 中。

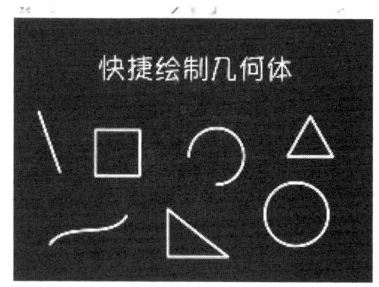
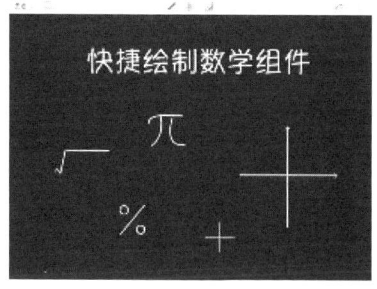

图 9-8　超级黑板的教学工具

2. Explain Everything

Explain Everything 是一款电子白板类的软件，运用它灵活多样的设计工具，可以创造出动态交互式的课程、活动内容、评价和教程。

Explain Everything 能把 iPad 变成交互式的电子演示白板，在演示文档上做注释和旁白等。能导入各种文件甚至视频，能缩放，可以插入一些简单的图形，有激光笔、鼠标，以及页面内对象的分层叠放等，而且它允许用户将成果发布到各种场合。

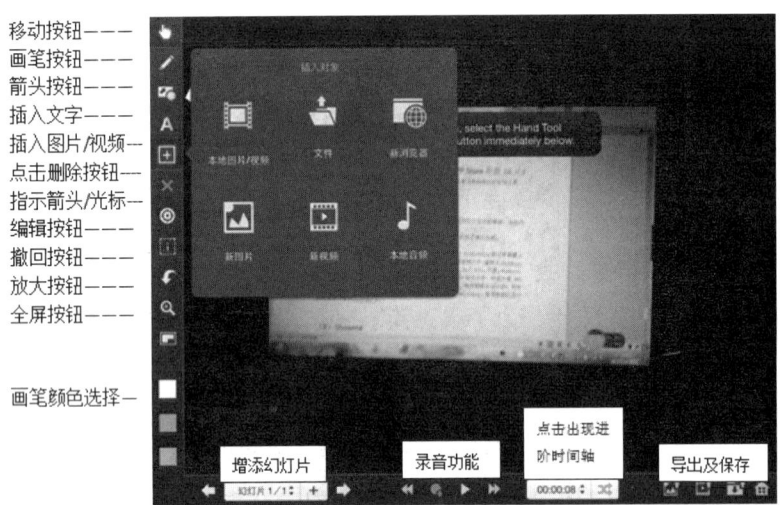

图 9-9　Explain Everything 的主要功能

可以使用 Explain Everything 进行简单的课程录制，如图 9-10 所示。它可以插入一个网络浏览器页面做实时的注释和基本的录音，并且能记录屏幕上的绘画，注释和笔尖移动的轨迹，通过 iPad 的麦克风可以捕捉到音频文件，能够从 Dropbox，Evernote，Email，iPad 相册及 iPad 相机中导入图片，PDF，PPT，XLS，RTS，页面，Numbers，及 Keynote 文件，导出 MP4 格式的视频文件，PNG 格式图片及 PDF 格式文件，并且分享.XPL 格式的文档到其他可用的软件。

3. Show me

这是一款自带录音的全英文电子交互白板 APP，如图 9-11 所示。使用上方便快捷，可以进行简单的课程录制，也可以进行课程创作和分享，而且拥有很多其他教师上传的在线文档。Show me 的主要功能参见图 9-12。

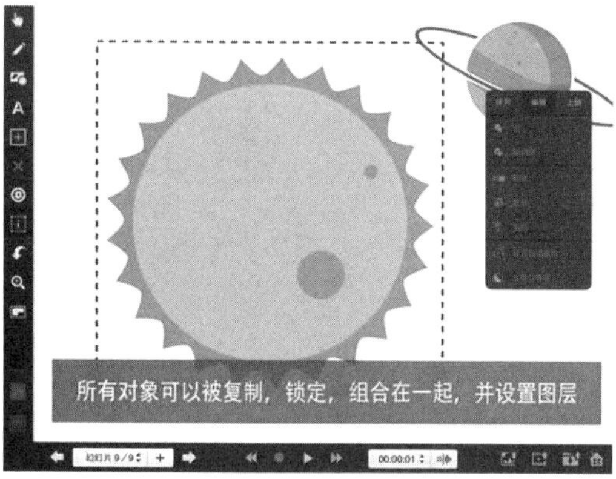

模块9 教育APP推介 139

(a)

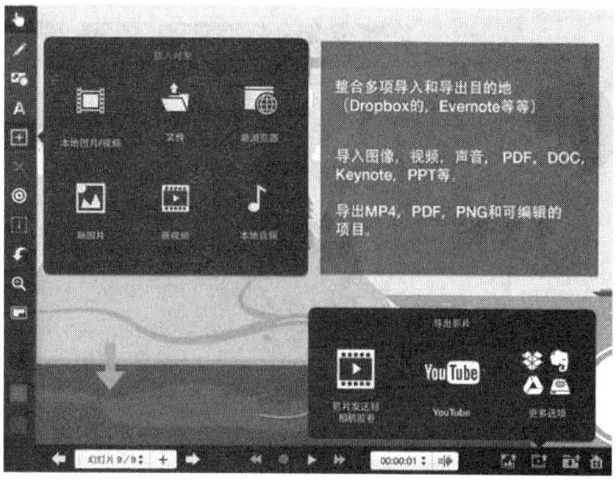

(b)

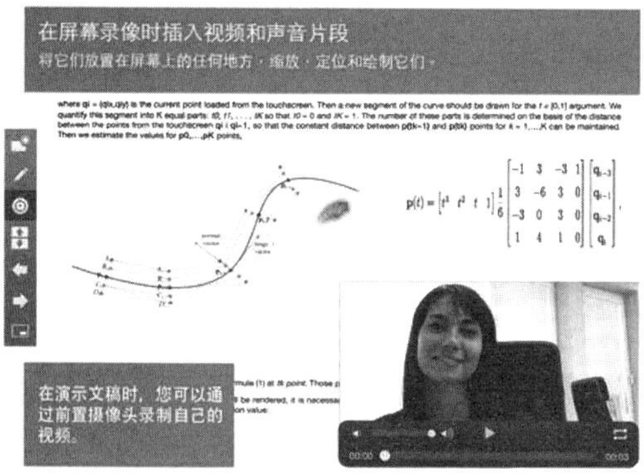

(c)

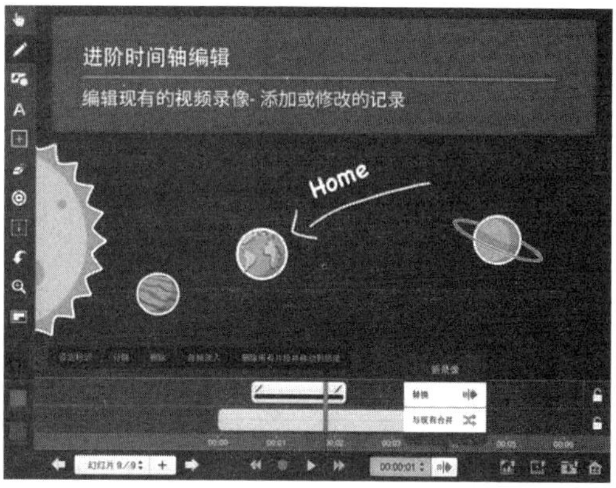

(d)

图 9-10 Explain Everything 的课程录制功能

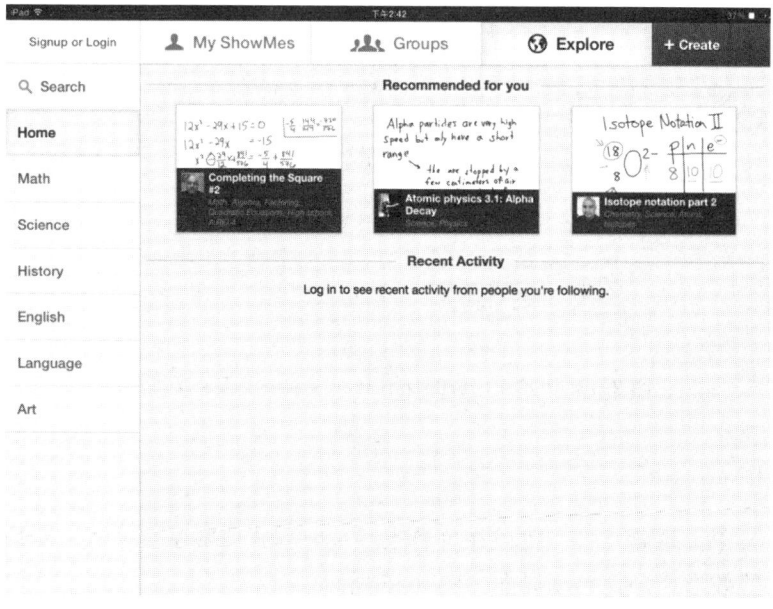

图 9-11 Show me 的启动画面

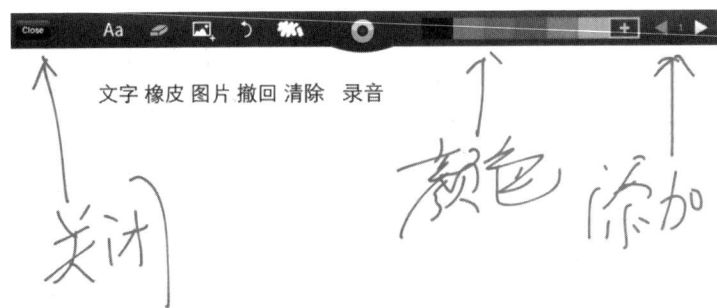

图 9-12　Show me 的主要功能

活动 3　手写计算器类 APP

1. MyScript Calculator

这是一款手写计算器 APP，它使数学计算再也不局限于传统计算器或其他设备基本计算器，而是可以在移动设备上进行各种数学计算。

MyScript Calculator 满足所有的高级算式运算（图 9-13），可以在屏幕随意书写并快速得到答案，通过涂改改变原题，复杂算式繁入简出等等，就像一款电子草稿纸，而且是随时可以得出答案的草稿纸。其基本使用方法参见图 9-14。

+	拥有官方详细使用教程			
%	$\sqrt[3]{}$	7^3	|5|	3!
cos	sin	tan	cot	acos
asin	atan	cosh	sinh	tanh
ln	log	e	π	ϕ

图 9-13　MyScript Calculator 支持的运算符和常量

2. MathPad

使用 MathPad 这款软件，可以在屏幕上手写方程式或数学表达式，然后渲染成易于分享的数字等效形式。其启动界面如图 9-15 所示。

使用波浪线和删除线能够划去错误数字，并且支持 200 以上的字符、符号和单位，最后可以将方程式导出为图像，或者导出 LaTeX/MathML，并采用多种方法共享方程式。

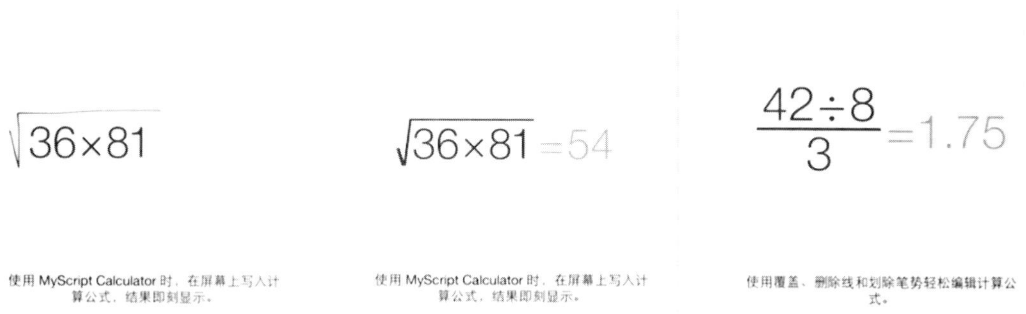

√36×81
使用 MyScript Calculator 时，在屏幕上写入计算公式，结果即刻显示。
√36×81 = 54
使用 MyScript Calculator 时，在屏幕上写入计算公式，结果即刻显示。
42÷8 / 3 = 1.75
使用覆盖、删除线和划除笔势轻松编辑计算公式。

图 9-14　MyScript Calculator 的基本使用方法

完成
教程
下一步
X(s) = ∫ x(t) e^-st dt
现在，您可以借助 MyScript MathPad 以最自然的方式编写方程式，并自动转换这些方程式。

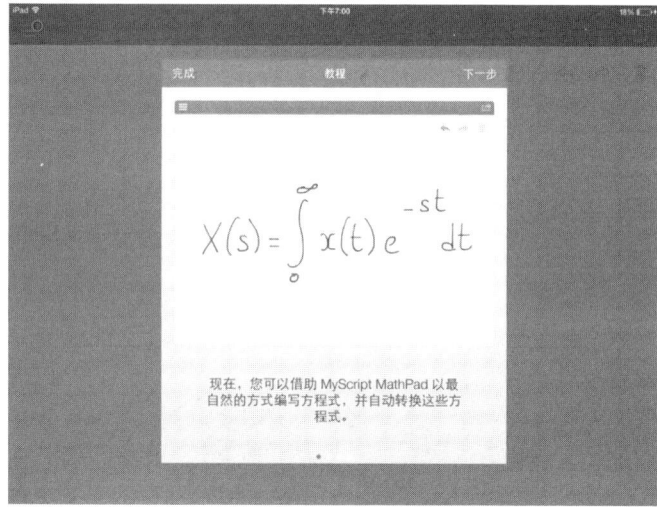

图 9-15　MathPad 的启动界面